Katharina Adams

Balkon & Terrasse

KOSMOS

Gestaltung

Pelargonien, Fleißige Lieschen, Petunien und Co blühen unermüdlich, meist ohne großen Pflegeaufwand, und das von Frühsommer bis in den Herbst hinein. Blatt- und Blütenschmuckpflanzen, Strukturgeber und Einzelstars sorgen für Abwechslung auf Balkon und Terrasse.

Draußen wohnen

In der warmen Jahreszeit avancieren Balkon und Terrasse zum erweiterten Wohnraum, der entsprechend attraktiv gestaltet sein will. Mit klassischen Balkonblumen, ergänzt von dekorativen und lang blühenden Kübelpflanzen, lädt das grüne Wohnzimmer die ganze Saison lang zum Frühstück, Sonnenbaden oder dem gemütlichen Verweilen bei einem guten Glas Wein am Abend ein.

Lange Blütenpracht

Die idealen Blumen für Balkon und Terrasse blühen vom Sommer bis zum ersten Frost. Bei guter Pflege bilden sich ständig neue Blüten, und auch längere Regenperioden können ihnen nicht allzu viel anhaben.
Bei der klassischen Balkonkasten-Bepflanzung werden meist aufrechte und hängende Arten bzw. Sorten miteinander kombiniert. Die hängenden Exemplare kommen an die

Beete voller Sommerblumen und eine Pergola im Hintergrund: So lässt sich entspannen.

Außenseite des Kastens, damit sie üppig über die Balkonbrüstung wachsen können. Dabei spielen auch dekorative Blattschmuckpflanzen eine wichtige Rolle. Bei der Bepflanzung auf dem Boden stehender Kübel und Töpfe werden aufrechte und höhere Blumen in die Mitte gesetzt, die hängenden kommen dann rundherum und überspielen elegant den Kübelrand.

Farblich Ton in Ton

Je nach Zusammenstellung verschiedener Farben lassen sich ganz unterschiedliche Gesamteindrücke erzeugen. Mit zarten Pastelltönen können Sie eine romantische Stimmung zaubern, kräftige Gelb- und Orangetöne hingegen wirken fröhlich, während Blautöne eine frische Eleganz ausstrahlen. Ob Sie sich für Ton-in-Ton-Kombinationen oder für Pflanzungen in kontrastierenden Farben entscheiden, bleibt Ihrem persönlichen Geschmack überlassen. Hilfreich für die Entscheidung ist sicher auch die Einbeziehung der Balkon- oder Terrassenmöbel und der

Materialien von Bodenbelag und Hauswand. Die reich verzierten, rustikalen Balkongeländer oberbayrischer Bauernhäuser verlangen geradezu nach einer farbkräftigen, kontrastreichen Bepflanzung, während an eleganten Stadthäusern aus Edelstahl und Granit zurückhaltende Ton-in-Ton-Arrangements oder auch ungewöhnliche Farbzusammenstellungen eine bessere Figur machen.

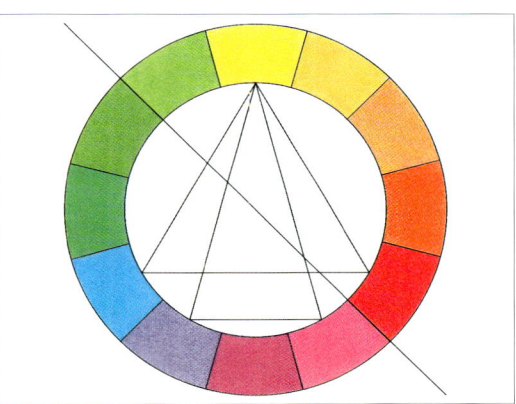

Die Spitzen der Dreiecke im Farbkreis zeigen, welche Farben gut zusammenpassen.

Der Farbkreis

Zwischen den reinen Komplementärfarben Gelb, Blau und Rot liegen die Mischfarben, die aus ihnen gebildet werden. Gegenüberliegende Farben auf dem Kreis heißen Komplementärfarben und bilden immer einen starken Kontrast (z. B. Blau und Orange), nebeneinanderliegende Farben hingegen sind in ihrer Stimmung ähnlich. Ausgewogen wirken auch Farb-Dreiklänge, die sich aus den Eckpunkten eines gleichseitigen Dreiecks ergeben, zum Beispiel Blau-Rot-Gelb. Alle Farben können durch Weißanteile verschieden stark aufgehellt sein. Pink wird zu Hellrosa, Violett zu Puderlila. Pastellfarben sorgen für den nötigen Schuss Romantik in der Pflanzung. Weiß kommt im Farbkreis nicht vor, denn es gilt nicht als Farbe. Trotzdem ist Weiß ein wichtiges Gestaltungselement, denn es vermittelt zwischen allen anderen Farben und kann auch für sich verwendet sehr interessant durch die vielen Nuancen wirken.

Wichtig in einer harmonischen Pflanzung sind immer auch die unterschiedlich grünen Farbtöne des Laubes. Grün wirkt beruhigend und harmoniert mit allen Blütenfarben. Rotes, gelbes und panaschiertes Laub können als zusätzliches Gestaltungsmittel eingesetzt werden.

Saisonbepflanzung

Die meisten Balkone und Terrassen werden saisonal bepflanzt, das heißt, die ausgewählten Pflanzen bleiben nur eine gewisse Zeit in den Kästen und Kübeln. Im Sommer kommen alle bekannten und beliebten Sommerblumen zum Einsatz, die ab April in den Gartencentern und Gärtnereien erhältlich sind.

Frühlingsblühende Zwiebelblumen sind ja nicht nur im Beet eine Zierde, sondern schmücken auch Balkon und Terrasse. Be-sonders die früh blühenden kleinen Krokusse, Narzissen und Hyazinthen spielen ihren Charme erst richtig aus, wenn sie aus der Nähe betrachtet werden können. Die größte Auswahl haben Sie, wenn Sie bereits im Herbst Blumenzwiebeln kaufen und pflanzen.

Farben und Trends Heute bepflanzt man Kästen mit farblich abgestimmten Kombinationen verschiedener Blumen und Blattschmuckpflanzen. Waren lange die Pastelltöne beliebt, mit denen sich romantische

Mit üppig bepflanzten Balkonkästen und Hangig Baskets wird der Balkon blickdicht.

TIPP

Viele Gärtnereien präsentieren zur Pflanzzeit Musterkästen, um den Kunden bei der Auswahl zu helfen. Dazu gibt es oft umfangreiche Infos zu weiteren Gestaltungsanregungen und Pflegetipps.

Stauden, kleine Gehölze und Einjährige: farblich perfekt aufeinander abgestimmt.

Arrangements gestalten lassen, lässt sich inzwischen kein eindeutiger Trend mehr ausmachen. Auf der einen Seite werden starke Farben mutig gemixt, auf der anderen Seite gewinnen auch monochrome Zusammenstellungen an Gewicht, besonders in Kombination mit Blattschmuckpflanzen.

Auch die Grenzen zwischen echten Sommerblumen und Stauden verschwimmen immer mehr. Viele Stauden werden heute als Saisonpflanzen behandelt. Auch finden Gräser und dekorative Gemüsepflanzen zunehmend Eingang in Kästen und Kübel, ebenso Kräuter, die den Sommer über Zutaten für die beliebte Mittelmeerküche liefern. Terrasse und Balkon sind zu erweiterten Wohnräumen geworden, die nach individuellem Geschmack eingerichtet werden. Dazu gehören neben Möbeln und Dekorationsgegenständen auch die passenden Pflanzen. Mit saisonalen Bepflanzungen ist man flexibel und kann jedes Jahr neue Ideen ausprobieren.

EXTRA

Retro-Klassiker

Was früher Großmutters Fensterbank schmückte, bringt jetzt Farbe in den Balkonkasten. Von der Buntnessel, (früher *Coleus,* heute *Solenostemon scuttelarioides* genannt) gibt es unzählige Neuzüchtungen in allen erdenklichen Blattfärbungen. Besonders im Schatten leistet sie wertvollste Dienste. Als Kombinationspartner kommen vor allem Schatten verträgliche Fuchsien und Begonien infrage, aber auch solo im Kübel macht das exotisch anmutende Lippenblütengewächs eine gute Figur.

Frühlingsbepflanzung mit Stiefmütterchen, Vergissmeinnicht und Gänseblümchen.

Viele Zwiebelblumen können in größeren Gruppen zusammengepflanzt werden.

Gruppe A: Frühblühende Tulpen ab Mitte April			
Apricot Beauty	aprikosenrosa	einfach blühend	40 cm
Bellona	leuchtend gelb	einfach, becherförmig	40 cm
Carlton	reinrot	stark gefüllt	25 cm
Diana	weiß	einfach blühend	30 cm
Prins Carneval	gelb-rot geflammt	einfach blühend	35 cm
Gruppe B: Mittelfrühe Tulpen ab Ende April			
Ajax	violett-weiß geflammt	einfach blühend	45 cm
Apeldoorn	orange mit schwarzem Basalfleck	einfach, becherförmig	60 cm
Kees Nelis	blutrot mit gelbem Rand	einfach blühend	45 cm
New Design	rosa-gelb geflammt, weißrandiges Laub	einfach blühend	45 cm
Oxford	reinrot	einfach, becherförmig	50 cm
Gruppe C: Späte Tulpen, ab Mai blühend			
Angelique	zartrosa	dicht gefüllt, päonienblütig	40 cm
Chinatown	hellrosa mit grünem Mittelstreifen	einfach, spitze Blütenblätter	40 cm
Flaming Parrot	rot-gelb geflammt	papageienblütig, krause Blütenblätter	60 cm
Johann Gutenberg	lachsrot	einfach, gefranster Rand	50 cm
Westpoint	reingelb	einfach, schlank, lilienblütig	50 cm

Frühling

Wenn die Tage länger werden und die Temperaturen langsam steigen, wird auch die Sehnsucht nach den ersten blühenden Frühjahrsboten größer. Gerade auf Balkon und Terrasse lassen sich farbenfrohe Pflanzungen arrangieren, die auch aus dem Wohnzimmer gut zu sehen sind und so richtig Lust auf Frühling machen. Die Auswahl an geeigneten Pflanzen für eine stimmungsvolle Frühlingsbepflanzung ist groß. Neben den bekannten Zwiebelblumen lassen sich auch Zweijährige und kleine Gehölze gut verwenden.

Der perfekte Rahmen für üppige Blüten

Kleine Gruppen gleicher Zwiebelblumen können in farblich passenden Töpfen ganz reizend aussehen, besonders wenn Sie davon mehrere in verschiedenen Größen zusammenstellen. Ebenso lassen sich Töpfe in kontrastierenden Farben, die mit der Bepflanzung korrespondieren, in Gruppen kombinieren. Zu den klaren Farben vieler Frühlingsblüher sehen leuchtend blau glasierte Gefäße beispielsweise besonders schön aus. Es gibt auch Töpfe mit mehrfarbiger Glasierung, etwa in Streifenmustern. Kombinieren Sie doch davon mehrere in verschiedenen Farben, in denen jeweils gleichartige Gruppen von Zwiebelblühern wachsen.

Klassische Terrakottatöpfe und -kästen harmonieren mit allen Blütenfarben und wirken je nach Form und Oberflächengestaltung eher elegant oder rustikal. Mit einer Mischung aus Wasser und Buttermilch bestrichen setzen Tontöpfe besonders schnell eine schöne Patina an.

Zwiebelblumen und Mini-Gehölze – Die Kombination macht's

Obwohl puristische Einzelpflanzungen sehr reizvoll sind, bevorzugen die meisten Menschen Kombinationen verschiedener Pflanzen, die harmonisch aufeinander abgestimmt sind. Für Frühjahrspflanzungen bieten sich dabei Zusammenstellungen aus verschiedenen Zwiebelblumen und schmückendem Blattwerk kleiner Gehölze an. Efeu *(Hedera helix)* können Sie beispielsweise an die Seite eines Kasten pflanzen, sodass seine hängenden Triebe den Rand locker umspielen. Besonders die kleinblättrigen Sorten, die sich oft auch durch besondere Blattformen oder helle Blattränder auszeichnen, sind hierfür gut geeignet.

Auch andere immergrüne Kleinsträucher eignen sich gut für die Kombination mit Zwiebelblumen, wie etwa Skimmien oder auch Torfmyrten, deren attraktiver Beerenschmuck meist bis in den Frühling hinein an den Zweigen haftet.

Ob Sie dabei auf farbstarke Kombis, etwa blaue Traubenhyazinthen mit kräftig gelben Narzissen, oder auf subtile Zusammenstellungen wie porzellanblaue Puschkinien mit zartrosa Tulpen setzen, bleibt ganz Ihrem Geschmack überlassen.

Ton-in-Ton-Bepflanzungen wirken durch die unterschiedlichen Blütenformen.

Sommer

Auch Balkon und Terrasse haben ihren Höhepunkt in der Sommersaison. Die Auswahl an Arten und Sorten, die den ganzen Sommer lang üppig blühen, ist riesig. Bei den verwendeten Pflanzen handelt es sich entweder um echte Einjährige, die im zeitigen Frühjahr ausgesät werden, bei guter Pflege mehrere Monate blühen und danach absterben, oder um Stauden aus südlichen Gefilden, die wie Einjährige behandelt werden, da sie den kalten Winter bei uns nicht überstehen würden. Diese Pflanzen werden in der Regel durch Stecklinge vermehrt, das heißt, die Gärtnereien überwintern sogenannte Mutterpflanzen im geheizten Gewächshaus und schnei-

den ab Januar die erforderlichen Stecklinge, die dann bereits in Frühsommer blühen. Die Grenzen zwischen Saisonpflanzen und dauerhaften Kübelpflanzen kann man dabei nicht immer eindeutig ziehen. So gehören zum Beispiel Fuchsien zum klassischen Saison-Sortiment, sie werden aber auch als dauerhafte Kübelpflanzen kultiviert.

Der klassische Balkonkasten   Auf dem Balkon sind bepflanzte Kästen, die am Balkongeländer befestigt werden, das wichtigste Gestaltungsmittel. Sie vermitteln nicht nur dem Balkonnutzer ein Gefühl der Abschirmung nach außen, sondern prägen auch das „Gesicht" des Hauses. Daher werden bei einer abgestuften Bepflanzung auch die hängenden Arten und Sorten stets zur Außenseite hin gepflanzt, wo sie den Rand des Kastens und einen Teil des Balkongeländers überwachsen können. Auf der Innenseite stehen dagegen die eher buschig-aufrechten Arten und Sorten. Bei breiteren Kästen ist es auch möglich, höhere Exemplare in den Mittelbereich zu setzen. Ebenso wie im Beet können Sie auch beim Balkonkasten mit Leit- und Füllpflanzen arbeiten. Die Leitpflanzen stechen auf den ersten Blick ins Auge, weil sie eine besonders prägnante Wuchsform besitzen. Besonders schmal aufrecht strebende Wuchsformen lassen sich auf diese Weise gezielt einsetzen. Die Rolle der Füllpflanzen übernehmen solche mit buschigem, eher breitem Wuchs. Sie werden vor und zwischen den Leitpflanzen gruppiert. Auch hängende Formen gehören zu den Füllpflanzen, sie runden die gesamte Struktur ab und schaffen den Übergang zum Pflanzgefäß, besonders feintriebige Arten wie Hängelobelien.

Lobelien schaffen einen weichen Übergang zum Pflanzgefäß aus Terrakotta.

Rahmengebende Struktur- und Blattschmuckpflanzen

Art	Laub	Standort	Verwendung
Hängebambus (*Agrostis stolonifera* 'Green Twist')	grün	sonnig bis halbschattig	hängender, starker Wuchs; winterhart
Silberwinde (*Dichondra repens* 'Silver Falls')	silberfarben	sonnig bis halbschattig	hängender Wuchs; auch als Bodendecker einsetzbar; pflegeleicht
Gundermann (*Glechoma hederacea* 'Variegata')	grün-weiß	halbschattig	hängender, starker Wuchs; winterhart
Purpurglöckchen (*Heuchera*-Hybriden, z. B. 'Purple Petticoat')	rotbraun, mai-grün, ockerfarben immergrün	halbschattig	aufrecht; winterhart
Süßkartoffel (*Ipomoea batatas*, z. B. 'Sweet Caroline'-Serie, 'Sweet Heart'-Serie)	maigrün, mahagonibraun, schwarz-braun	sonnig, geschützt	starker, hängender Wuchs Bildung von Süßkartoffeln im September bzw. Oktober möglich
Schokoklee (*Trifolium repens* 'Quadri-folium Purpureum')	dunkelbraun	sonnig	stehender, sehr starker Wuchs; winterhart

Im Herbst sorgen bunte Beeren und Gräser für viel Farbe im Balkonkasten.

Alle Farben des Herbstes auf der Terrasse vereinen Chrysanthemen, Fetthenne und verschiedene Fruchtgehölze.

Herbst

Auch im Herbst müssen Balkon und Terrasse nicht schmucklos bleiben. Die Sommerbepflanzung bietet nun keinen optimalen Anblick mehr, sodass es jetzt Zeit wird, die Kästen neu zu bepflanzen. Herbstblüher wie etwa Chrysanthemen und Heidekraut haben jetzt ihren großen Auftritt. Sie lassen sich gut mit kleine Früchte tragenden Gehölzen kombinieren, ebenso setzen allmählich gelb verfärbende Gräser schöne Akzente. Sie können auch schon die Zwiebelblumen für das nächste Frühjahr dazwischensetzen. Die Herbstblüher werden einfach herausgenommen, wenn sie verblüht sind, die Gehölze schmücken die Kästen auch den Winter über, besonders wenn Sie Immergrüne auswählen. Mit Beginn des Herbstes kommt die Zeit der opulenten Farben historischer Gewänder und kostbarer Wandbehänge. Blumenkästen

und Kübel dürfen nun in satten Gold- und Kupfertönen schwelgen oder auch in den sanfteren Rosa- und Beerenfarben, die typisch für zahlreiche Sorten des Heidekrautes (*Erica* und *Calluna*) sind. Der Fantasie bei der Zusammenstellung sind dabei keine Grenzen gesetzt. Wenn Sie zum Beispiel ländlich-rustikale Akzente setzen wollen, greifen Sie zu naturbelassenen Körben in verschiedenen Größen und Formen, die Sie dicht mit üppig blühenden Chrysanthemen in feurigen Gold- und Orangetönen bepflanzen. Dazu passen kleine Gehölze mit Herbstlaub in lodernden Farben, also beispielsweise Pfaffenhütchen, kleinwüchsige Zier-Kirschen oder auch wunderschöne Sorten der Thunbergs Berberitze wie 'Kobold', deren gelbe bis scharlachrote Herbstfärbung an Leuchtkraft kaum zu überbieten ist. Auch Beeren tragende Gehölze fügen sich hervorragend in dieses Farbkonzept ein. Langsam wachsende Sorten des Feuer-

Heidekraut *(Calluna vulgaris)*, hier als Tisch-dekoration verwendet, ist in vielen Rosa-tönen erhältlich.

dorns ('Soleil d'Or' und 'Teton') gedeihen auf Dauer auch in Kübeln und sind am besten als Hintergrund geeignet. Um die Farbenpracht optisch zusammenzuhalten, sollten Sie immer auch einige immergrüne Gehölze mit einbinden. Gerade die verschiedenen Zwergkoniferen wie Lebensbaum *(Thuja)* und Scheinzypresse *(Chamaecyparis)* sind bestens für Kästen und Kübel geeignet.

Heidekraut harmoniert perfekt mit herbstfärbenden Gräsern, zum Beispiel Hirse, Japanischem Blutgras oder auch dem besonders zierlichen Federgras. Kürbisse, rotbackige Äpfel und dekorative Samenstände aus der Natur ergänzen solche Pflanzenarrangements aufs Beste.

Die schönsten Beerengehölze für Töpfe und Kübel

Art	Laub	Beerenfarbe	Standort
Zwergmispel *(Cotoneaster horizontalis* 'Saxatilis')	klein, Herbstfärbung orange	rot	sonnig bis halbschattig
Rebhuhnbeere *(Gaultheria procumbens)*	oval, immergrün	rot	halbschattig, feucht
Mahonie *(Mahonia aquifolium)*	gezähnt, immergrün	blau	sonnig bis halbschattig, für größere Kübel
Torfmyrte *(Pernettya mucronata)*	klein, immergrün	rot, rosa, weiß	halbschattig, saurer Boden
Skimmie *(Skimmia japonica)*	spitz oval, immergrün	rot	halbschattig, saurer Boden
Kissen-Schneeball *(Viburnum davidii)*	elliptisch, immergrün, glänzend	blau	Kübelpflanze, Winterschutz

Dauerbepflanzung

Wer seinen Balkon nicht jedes Jahr neu bepflanzen möchte, für den ist eine dauerhafte Bepflanzung mit Stauden und Gehölzen die Lösung. Die meisten Stauden wachsen auch im Kübel.

Pflegeleichte Blütenpracht

Bis auf hohe Arten, die schon im Beet gestützt werden müssen, sind fast alle Stauden für die Kübelkultur geeignet. Kleinwüchsige Gehölze finden in größeren Kübeln genügend Platz. Von vielen Arten wurden zudem in den letzten Jahren wirklich zwergige Sorten gezüchtet, die nicht nur in den heutigen knapp

bemessenen Gärten Platz haben, sondern sich auch speziell für die Kübelkultur eignen. Anders als bei der klassischen Saisonbepflanzung kommen hier allerdings weniger die üblichen Balkonkästen zum Einsatz, denn sie bieten den Stauden und Gehölzen auf Dauer zu wenig Raum für ihr umfangreicheres Wurzelwerk. Stauden werden meist einzeln oder höchstens in Dreiergruppen in ausreichend große Töpfe gepflanzt, in denen sie sich gut entwickeln können. Die meisten Stauden müssen jedoch auch wie im Beet nach einigen Jahren aufgenommen und geteilt werden, sonst vergreisen sie und blühen nicht mehr zufriedenstellend. Im Kübel ist dies bei den meisten Arten alle zwei Jahre nötig, Sie sehen es jedoch selbst, wenn die Pflanzen in der Blühleistung nachlassen oder einfach zu groß für den Topf werden.
Gerade an schattigen Standorten lassen sich viele Stauden, besonders solche mit auffälligem ornamentalem Laub, einsetzen. Funkien sind die idealen Kübelstauden für den Schatten. Sorten mit weiß oder gelb panaschierten Blättern bringen zudem Farbe und Helligkeit in dunkle Ecken. Kleine Gruppen aus Kübeln mit verschiedenen Sorten sehen besonders schön aus, doch auch große Einzelexemplare sind sehr wirkungsvoll. Als Gegengewicht zu diesen eher derben Gestalten eignen sich filigrane Astilben und Gräser.

Gehölze

Bei den Gehölzen ist die Auswahl groß. Wie schon angesprochen, werden immer kleinere Sorten gezüchtet, die auch auf Dauer im Kübel Platz finden. Sie können sich einen Kübelgarten für die Terrasse zusammenstellen,

In schattigen Ecken gedeihen verschiedene Schattenstauden und Farne in Töpfen.

in dem zu jeder Jahreszeit etwas blüht. Nicht vergessen werden sollten auch die Immergrünen, zum Beispiel Stechpalmen *(Ilex aquifolium)*, Lorbeerkirsche *(Prunus laurocerasus)* oder Duftblüte *(Osmanthus heterophyllus)*. Zwergkoniferen mit ihren oft bizarren Formen und ungewöhnlichen Nadelfärbungen sind im Beet oft schwierig zu vergesellschaften. In dekorativen Kübeln an exponierter Stelle auf der Terrasse hingegen werden sie zum Blickfang, ganz besonders im Winter. Dabei lassen sich kriechende und aufrechte Sorten gut kombinieren.

Zu den beliebtesten Kübelgehölzen gehört der Buchsbaum, der meist zu strengen Formen geschnitten wird und die Rolle einer lebenden Skulptur übernimmt. Ebenso lässt sich Liguster *(Ligustrum ovalifolium* und *L. obtusum)* in strenge Formen schneiden, die im Kübel gut zur Geltung kommen.

Hortensien sind – gut gedüngt und ständig feucht, ausdauernde Kübelpflanzen.

Blüten- und Fruchschmuckgehölze

Schon im zeitigen Vorfrühling blüht der Mittelmeer-Schneeball, im Spätsommer trägt er blaue Beeren (Bild rechts). Er ist nur im Weinbauklima winterhart ist. Die Schneeforsythie blüht ab März mit rosa Blüten, die in ihrer Form denen der Forsythie gleichen. Mit einer Wuchshöhe von 1–1,5 m findet sie auch auf längere Sicht Platz in einem geräumigen Kübel. Unter den Rhododendren und Azaleen finden sich zahlreiche kompakte Sorten, die für die Kübelkultur geeignet sind. Gerade in Gegenden mit kalkhaltigem Boden können Sie ihnen im Kübel mit Spezialsubstrat optimale Bedingungen schaffen. Hortensien werden oft als Topfpflanzen fürs Haus angeboten und können später im Freien weiter kultiviert werden, wenn sie einen größeren Kübel erhalten. Bei den Forsythien sind in den letzten Jahren mehrere Zwergsorten auf den Markt gekommen, die nicht höher als 1 m werden und damit

für ein Leben im Kübel wie geschaffen sind. Auch auf Fliederduft müssen Sie auf der Terrasse nicht verzichten. *Syringa meyeri* 'Palibin' wird nicht höher als 1 m und schmückt sich Ende Mai mit köstlich duftenden Blüten.

Der rustikale Weidenkorb bildet den perfekten Rahmen für eine ländlich anmutende, dicht gefüllte Rose.

Hübsch im Kübel sehen Hochstamm-Rosen aus, die in Stammhöhen von 60 cm bis 1,4 m erhältlich sind. Meist werden weichtriebige Ramblerrosen oder Kleinstrauchrosen auf den Stämmchen veredelt, die dann locker herunterhängen. Doch auch Edelrosen werden auf Hochstämmchen veredelt, sie wirken aber etwas steifer.

Neben den Hochstämmchen eignen sich Zwergrosen und Kleinstrauchrosen für den Kübel, die einen leicht übergeneigten Wuchs aufweisen. Flach wachsende Bodendeckerrosen können hingegen gut für die Bepflanzung von Brüstungen verwendet werden, über die sie ihre langen Triebe wachsen lassen.

Traumpaar Rosen und Clematis Im Garten, am Rankgitter und an der Pergola, gehört die Kombination von Rosen und Clematis zu den beliebtesten Motiven. Beide

TIPP

Damit sich Rosen im Kübel wohl-
fühlen, ist es wichtig, dass ihre
Wurzeln genügend Raum zur
Ausbreitung erhalten. Besonders
wichtig ist ein ausreichendes Tie-
fenwachstum, daher sollten Sie nur
sehr hohe Kübel verwenden, die
durchaus schmal sein können.

für sich schon äußerst attraktiv, sind sie zusammen an Schönheit kaum zu übertreffen.
Auf der Terrasse finden sie an einer Pergola
Platz und verwandeln jeden Sitzplatz in eine
romantische Laube. Doch auch wenn Sie
keine Pergola und nur wenig Platz haben,
müssen Sie auf dieses Traumpaar nicht
verzichten. Da die Pflanzenzüchtung auch
in diesem Bereich erfolgreich war, stehen
Ihnen sowohl niedrige Kletterrosen als auch
schwachwüchsige Clematis zur Verfügung,
die sogar zusammen in einem Kübel Platz haben. Die sogenannten Mini-Climber werden
nicht höher als 2 m, wobei sie auch für diese
Höhe mehrere Jahre benötigen. Mit gezielten
Schnittmaßnahmen können sie sogar noch
etwas kleiner gehalten werden. Besonders
engagiert auf diesem Gebiet ist die däni-
sche Firma Poulsen, die eine ganze Serie
von Mini-Climbern herausgebracht hat, die
in den unterschiedlichsten Farben blühen.
Besonders schön ist die Sorte 'Open Arms',
deren kleine, nur ganz leicht gefüllte Blüten
von einem leuchtenden Rosa sind und die
sich zusätzlich durch dunkles, sehr gesundes
Laub auszeichnet.
Passende Clematis-Arten und Sorten lassen
sich in dem großen Sortiment leicht finden.
Auch hier sind in den letzten Jahren viele
schwachwüchsige Sorten auf den Markt
gekommen, die schon im Hinblick auf die
Kübelverwendung gezüchtet wurden. Stell-
vertretend seien hier die beiden Sorten

'Königskind' (blau blühend) und 'Königskind
Rosa' genannt, die die richtigen Proportio-
nen für eine Berankung von Mini-Climbern
aufweisen. Eine interessante Neuheit ist
auch die gelb blühende Sorte 'My Angel',
die mit *Clematis tangutica* verwandt ist und
erst im Spätsommer blüht, wenn der Flor
der Rosen allmählich schwächer wird. Die
Blüten dieser Clematis haben die Form von
hängenden Glöckchen, aus denen sich fedrige Fruchtstände bilden, die zusätzlich einen
hohen Zierwert besitzen. Bereits im Frühling
blühen die Sorten von *Clematis alpina,* die
durch Rückschnitt im Zaum gehalten werden
können. Als Rankhilfe für Rosen und Clematis sehen Obelisken aus Metall besonders
hübsch aus, die Sie in den verschiedensten
Ausführungen im Fachhandel erhalten.

Kletterrosen und Clematis benötigen ein
stabiles Rankgitter und große Kübel.

Sichtschutz

Sich vor fremden Blicken schützen, von oben, von den Nachbarn oder der eigenen Familie – Privatsphäre entsteht im Handumdrehn mit mobilen Sichtschutzwänden oder in kurzer Zeit mit ein- oder mehrjährigen Kletterpflanzen.

Paravents, hier eines aus lackierter Weide, sind ein flexibler Sichtschutz.

Kletterpflanzen

Die beliebtesten Sitzplätze zeichnen sich immer dadurch aus, dass sie ein wenig vor den Blicken anderer verborgen bleiben. Eine schützende Hecke oder eine dicht bewachsene Pergola schaffen auf der Terrasse die nötige Intimität, nur dauert es ein paar Jahre, bis so ein Sichtschutz wirklich dicht ist.
Für eine schnelle Lösung bieten sich einjährige Kletterpflanzen an, mit denen Sie meterhohe grüne Wände schaffen können, die neugierige Blicke zuverlässig abwehren. Besonders auf Balkonen von Mehrfamilienhäusern leisten sie gute Dienste, mit einer „grünen Seitenwand" fühlt man sich gleich nicht mehr ganz so wie auf dem Präsentierteller.
Um üppig wachsen zu können, benötigen alle Kletterpflanzen Rankhilfen. Je nachdem, auf welche Art sie sich in luftige Höhen arbeiten, muss die Kletterhilfe unterschiedlich ausfallen. Schlinger winden sich um nicht zu dicke Stäbe oder Drähte, während Kletterpflanzen, die Ranken ausbilden, ein Spalier benötigen. Kletterpflanzen mit Haftscheiben, die sich direkt an Wänden festhalten, kommen nur im Gehölzbereich vor, nicht jedoch unter den Einjährigen.

Kletterhilfe   Eine Kletterhilfe für Schlinger ist schnell gebaut: Führen sie 3–5 mm dicke Nylonseile im Abstand von 10 cm senkrecht nach oben (Sie können sie zum Beispiel durch Haken führen, die Sie am darüberliegenden Balkon befestigt haben). Leichte Rankgitter, die es fertig zu kaufen gibt, sind ebenfalls für den Balkon geeignet, Sie können aber auch stabile Netze verwenden, die Sie an den Ecken sicher befestigen.

Einjährige Kletterpflanzen wie Ballonrebe, Schwarzäugige Susanne und Rosenkelch sorgen für schnellen und dichten Sichtschutz.

Mobiler Sichtschutz

Als Sichtschutz reichen häufig kleine Maßnahmen, um den den Balkon blickdicht zu machen. Balkon-Verkleidungen aus Naturmaterialien oder einem festen imprägnierten Stoff sind ideal. Für seitliche Wind- und Sichtschutz-Maßnahmen bieten sich auch natürliche Lösungen an. Paravents aus geflochtener Weide sehen attraktiv aus; garantiert wetterfest sind Modelle aus geflochtenem Kunstrattan, aus dem heute auch viele Terrassenmöbel gefertigt werden.

Fertige Kästen mit Rankspalier   Inzwischen werden Balkonkästen mit fertig bewachsenen Efeurankgittern angeboten, die Sichtschutz bieten und gleichzeitig den Wind abhalten. Sie haben den Vorteil, dass sie auch im Winter blickdicht sind. Für Blüten können Sie ja mit der zusätzlichen Pflanzung von Einjährigen wie Ballonrebe, Schwarzäugiger Susanne oder Rosenkelch sorgen.

EXTRA

Einjährige Kletterpflanzen

Die Auswahl an kletternden Einjährigen reicht von wuchsstarken Schlingpflanzen, die locker ein paar Meter im Monat schaffen, bis hin zu zierlichen Arten, die für den Sichtschutz nicht ganz so optimal geeignet sind, aber einfach ihrer Schönheit wegen gepflanzt werden sollten. Zu den beliebtesten und am schnellsten wachsenden Arten gehört die Feuerbohne, die neben roten Schmetterlingsblüten auch essbare Bohnen produziert. Die Stäbe oder Schnüre, die ihr als Kletterhilfe dienen, sollten in jedem Fall stabil und sicher befestigt sein, denn sie entwickelt sich im Laufe des Sommers ziemlich üppig. Weitere Schlinger mit starker Wuchskraft sind Trichterwinden, deren ausdrucksvolle Trichterblüten je nach Sorte lila, magenta oder auch zweifarbig leuchten, und Sternwinden. Deren Blüten gleichen an einer Schnur aufgereihten Wimpeln, die sich bei Öffnung von orangerot bis hellgelb verfärben. Dadurch erwecken die Blütenstände den Eindruck von lodernden Flammen! In ihrer Farbigkeit genauso spektakulär ist die Schwarzäugige Susanne, die orangene oder gelbe Blüten mit einem schwarzen Schlundfleck besitzt. Wichtige Rankpflanzen sind die Glockenrebe und natürlich Duftwicken. In der Blüte unauffällig, aber mit interessanten blasenartigen Früchten, sollte auch die Ballonpflanze nicht vergessen werden, die sehr zierlich wirkt, aber dennoch rasch 2 m hoch klettern kann.

Hanging Baskets

Blumenampeln und Hanging Baskets sind normale, in der Regel flache Töpfe und Schalen, die mithilfe von Ketten oder Schnüren aufgehängt werden. Manche Töpfe haben zu dem Zweck bereits Bohrungen im Randbereich oder Haken, an denen die Kette befestigt wird.

Ansonsten können Sie das Gefäß auch in ein starkes geknüpftes Netz einhängen. Auch wichtig ein Wasserabzugsloch, denn gerade in luftiger Höhe kann man die Gießmenge nicht so gut dosieren. Normale, konisch geformte Töpfe können auch in einen speziel-

len Metallring eingesetzt werden, an dem die nötigen Haken bereits angebracht sind. In den Topf werden eine oder mehrere Pflanzen eingesetzt, die dann locker über den Rand des Topfes wachsen.

Hanging Baskets sind Metallkörbe, bei denen die Pflanzen nicht nur von oben, sondern auch seitlich und von unten eingesetzt werden. Sie wachsen durch die Maschen des Korbes hindurch. Damit die Pflanzen zwischen den Maschen eingesetzt werden können, dürfen sie nur sehr kleine Wurzelballen besitzen, sodass eigentlich nur

Aus hängend wachsenden Sommerblumen lassen sich schöne Hanging Baskets gestalten.

Die Bepflanzung wurde perfekt auf Tisch-
wäsche und Geschirr abgestimmt.

Auch Kräuter eignen sich für Hanging
Baskets, hier sogar in mehreren Etagen.

Jungpflanzen infrage kommen, die direkt aus
Multitopfpaletten oder Jiffy-Pots umgesetzt
werden. Damit das Substrat nicht durch die
Maschen des Korbes herausrieselt, wird der
gesamte Kcrb mit Moos oder Kokosmatten
ausgekleidet. Erst danach füllt man die Erde
ein und beginnt mit der Bepflanzung. An den
Stellen in der Seite und im Bodenbereich
werden vorsichtig Löcher gestochen, durch
die die Pflanzen dann hindurchgeschoben
werden. Bedingt durch die dichte Bepflanzung muss eine Blumenampel besonders

TIPP

KOSMOS

Dass beim Gießen nicht nur Laub
und Blüten überbraust werden und
das meiste Wasser gar nicht zu den
Wurzeln gelangt, können Sie mit
einem Trick verhindern. Stecken
Sie einen Trichter in die Erde und
gießen Sie die Ampel über die
Trichtertülle.

häufig gegossen und gedüngt werden, damit
sich die Pflanzen gut entwickeln und lange
blühen. Das Gießen in luftiger Höhe gelingt
am besten mit einem langen Aufsatz für den
Schlauch, mit dem Sie den Korb gut erreichen.

Kräuterkorb   Im Hanging Basket lassen sich auf kleinstem Raum viele Kräuter
unterbringen, die man täglich in der Küche
braucht. Eine schöne und sinnvolle Zusammenstellung wäre zum Beispiel:
➤ Basilikum, je eine grüne und eine rote
   Sorte, regelmäßig die Triebspitzen abknipsen.
➤ Salbei, auch hier gibt es schöne bunt-
   laubige Sorten.
➤ Thymian in unterschiedlichen Duft- und
   Geschmacksrichtungen.
➤ Bohnenkraut, am besten die dauerhafte
   Zwergstrauchversion, sie schmeckt intensiver als das einjährige Bohnenkraut.
➤ Oregano, ohne das keine Nudelsoße wirk-
   lich schmeckt.

Mini-Teiche

Wasser übt seit ewigen Zeiten eine besondere Faszination auf uns Menschen aus. Schon kleinste Wasserflächen strahlen Ruhe aus. Nicht umsonst gehört der Teich zu den am meisten geäußerten Wünschen bei der Gartenplanung.

Doch selbst wer im Garten keinen Platz für einen Teich hat, muss nicht auf ihn verzichten. Auf der Terrasse lassen sich leicht Mini-Teiche in wasserdichten Kübeln anlegen, in denen sogar kleine Wasserpflanzen Platz fin-

den. Gefäße, die mindestens 50 Liter Wasser fassen, sind dafür geeignet.
Bei der Wahl der Teichgefäße sind der Fantasie kaum Grenzen gesetzt. Sie können alte Zinkwannen und Eimer verwenden, Fässer, Mörtelkübel oder glasierte Tonkübel. Unglasierte Terrakottakübel sind allerdings nicht geeignet, denn durch die porösen Wände diffundiert das Wasser langsam, aber stetig nach außen, sodass Sie ständig neues

Eine kleine Teichlandschaft, ganz einfach zusammengesetzt aus mehreren Kübeln mit Sumpf- und Wasserpflanzen.

TIPP

Auf dem Balkon sollten Sie Mini-Teiche nur aufstellen, wenn die Konstruktion stabil genug ist. Bedenken Sie, dass die Stellfläche leicht mit 200–300 kg/m² belastet wird. Am besten verwenden Sie hier nur möglichst kleine Gefäße mit wenig Eigengewicht, und diese auch nur einzeln.

Wasser nachfüllen müssten. Auch Kübel, die an der Unterseite Löcher für den Wasserabzug besitzen, sind natürlich nicht geeignet. Besonders schön sind alte Steintröge, die Sie mit etwas Glück bei Händlern finden, die sich auf das Recycling alter Baustoffe spezialisiert haben. Die vorgesehenen Kübel werden am besten mit weichem Regenwasser gefüllt. Wenn Sie Leitungswasser verwenden müssen, lassen Sie es einige Tage darin stehen, bevor Sie die Bepflanzung vornehmen.

Das richtige Substrat Für die Bepflanzung können Sie entweder spezielle fertige Substratmischungen kaufen oder sich aus Unterboden (kein Mutterboden aus den oberen Schichten!) und viel Flusssand selbst ein Substrat zusammenmischen. Auf keinen Fall sollten Sie Dünger untermischen, da die Pflanzen sonst viel zu stark wuchern und sich die Nährstoffe im Wasser lösen, was im schlimmsten Fall zum „Umkippen" des Gewässers führt. Beruhigendes Plätschern erzeugt ein kleiner Wasserspeier, den man aber am besten in einem gesonderten unbepflanzten Kübel verwendet.

EXTRA

Geeignete Pflanzen

Für die Pflanzenauswahl gilt: weniger ist mehr. In einem vollkommen zugewucherten Mini-Teich bekommen die Pflanzen schnell zu wenig Sauerstoff, die Wurzelballen beginnen zu faulen und die Pracht ist schnell dahin. Eine einzelne schwachwüchsige Seerose reicht voll und ganz aus, um einen Kübel zu füllen. Lassen Sie sich in Ihrer Gärtnerei beraten, welche Sorten sich für Kübel eignen. Einige kommen schon mit einer Wassertiefe von 30 cm zurecht.
Am besten werden die Wasserpflanzen einzeln in Körbe gepflanzt und dann eingesetzt. Auf diese Weise wird auch das Substrat nicht so leicht aus den Wurzelballen geschwemmt. Wuchernde Pflanzen, sofern man sie überhaupt verwendet, können auf diese Weise leicht entnommen und geteilt werden, bevor sie zu groß geworden sind. Der Igelkolben ist so eine wuchernde Pflanze, die aber wegen ihrer Attraktivität auch in Mini-Teichen verwendet wird.

Pflanzkombinationen

Um ein stimmiges Gesamtergebnis zu erhalten, ist es sinnvoll, die gesamte Bepflanzung unter ein übergeordnetes Motto zu stellen. Die folgenden Vorschläge geben Ihnen dazu einige Anregungen.

Romantisch in Pastell

Wenn Sie einen romantischen Stil bevorzugen, kommen Sie bei der Auswahl schon fast in Bedrängnis, so groß ist das Angebot geeigneter Pflanzen. Um einen romantischen Gesamteindruck zu erhalten, sollten Sie auf Pflanzen mit großen, plakativen Blüten verzichten und stattdessen auf klein, aber reichblütige Sorten zurückgreifen. Trotzdem gilt natürlich auch hier der Grundsatz, dass spannende Kombinationen durch das Zusammenpflanzen unterschiedlich hoher Exemplare entstehen. Im Balkonkasten werden demnach aufrechte und überhängende Wuchsformen kombiniert. Zusätzlich können Sie schöne Töpfe mit Einzelexemplaren bepflanzen, die farblich mit den Kästen harmonieren. Auch die Pflanzgefäße selber tragen zum romantischen Gesamteindruck bei. Terrakottatöpfe mit kordelförmigen Rändern

Einer duftigen Wolke gleich schweben filigrane Blütentriebe von Spanischen Gänseblümchen, Lobelien und Helichrysum über der Pflanzschale.

Klassische Stiefmütterchen gibt es in vielen verschiedenen sanften Blütenfarben, die wie hier hervorragend zu Kissen und den verschnörkelten Stühlen passen.

Ein Gärtchen ganz in Weiß: auf kleinstem Raum verwirklicht mit Rosen, Stauden und Sommerblumen in Töpfen.

„English Style" auch auf Balkon und Terrasse entstehen lassen. Grelle Blütenfarben sowie starke Farbkontraste sind in jedem Fall tabu. Dafür können Sie in sämtlichen sanften Farben schwelgen, denn sie vertragen sich immer untereinander.

Romantische Pflanzideen

In die Mitte pflanzen Sie Mehligen Salbei in einem sanften Violettton, zum Beispiel die Sorte 'Victoria', und aufrechte Geranien (Pelargonium-Zonale-Hybriden) in sanftem Rosa. Davor kommen Zauberglöckchen, die kleinblütigen Schwestern der Petunien, die ihre zahllosen Blüten in Kaskaden über den Kastenrand hängen.

Als hängende Blattschmuckpflanze vervollständigt *Dichondra repens* 'Silver Falls' diese zartfarbige Zusammenstellung.

Auch hängender Männertreu passt mit seinen zierlichen violettblauen Blüten gut ins Konzept.

Statt Rosa- und Violetttönen können Sie für den romantischen Kasten auch helle Gelb- und Aprikottöne verwenden, die zusätzlich mit Weiß aufgehellt werden. Dazu eignen sich etwa gelb blühende Zauberglöckchen, weiß blühende Bacopa und lachsfarbene Atlasblumen, deren gerüschte Blüten besonders romantisch wirken.

und plast schen Girlanden passen sehr gut dazu, ebenso Gefäße aus Metall mit Patina. Schöne Exemplare finden Sie auf Trödel- und Antikmärkten, es gibt aber auch neue Gefäße, die bereits vom Hersteller „auf alt" getrimmt wurden. Genau wie im Garten tragen auch passende Deko-Elemente zu einem romantischen Gesamteindruck bei. Historisierende Figuren wie Putten und Statuetten, Pinienzapfen nachempfundene Standelemente oder auch verschnörkelte Halterungen für die Töpfe sind Beispiele, die den so beliebten

Ländlicher Charme

Ebenso wie Bauerngärten im ländlichen Bereich zu den prägenden Stilelementen der Gartengestaltung gehören, lassen sich auch Balkone und Terrassen bäuerlich-charmant gestalten. Bäuerliche Gestaltungen sind immer bunt und üppig und dabei niemals perfekt „durchgestylt". Die verschiedensten Sommerblumen dürfen zwanglos zusammen wachsen. Zier- und Nutzpflanzen führen ein gleichberechtigtes Dasein. Auch die Pflanzengefäße sind eher rustikal. Glasierte und unglasierte Terrakottatöpfe werden dicht und farbenfroh bepflanzt, und auch die Blumenkästen sehen am schönsten in diesem Material aus. Beliebte Deko-Elemente sind auch die schillernden bunten Glaskugeln, die auf Stäben zwischen den Pflanzen in die Erde gesteckt werden. Sie haben eine lange Tradition und funkeln fantastisch in der Sonne. Inzwischen gibt es auch Kugeln aus glasiertem Ton, vorzugsweise in Blautönen, die häufig noch hübsche eingeritzte Muster haben. Diese Kleinode des Kunsthandwerks finden Sie oft auf Bauernmärkten, doch auch gut sortierte Gärtnereien und Gartencenter führen eine ansprechende Auswahl.

Cottagegarden-Charme Im Randbereich werden abwechselnd blau blühende Fächerblumen und gelb blühender Zweizahn gepflanzt. Als höhere Blumen passen beispielsweise rote aufrecht wachsende Geranien und weiße Strauchmargeriten dazu. Diese Kombination ist sehr farbkräftig. Falls Sie eher die sanfteren Töne mögen, können Sie auch rosa Geranien verwenden und den Zweizahn durch den Mottenkönig, eine hängende Blattschmuckpflanze, ersetzen.

Farben der Savanne

Unter diesem Motto könnte eine Bepflanzung stehen, die die Farbigkeit Afrikas widerspiegelt. Die Blüten in Gelb- Orange- und Rottönen vermitteln auch an trüben Tagen ein Gefühl von Sonne und Wärme. Viele etablierte Beet- und Balkonblumen stammen aus Afrika, meistens aus den Gebieten Südafrikas und Namibias. Dort wachsen sie in den Weiten der Graslandschaften und in den eher kargen Gebirgen.
Während der Regenzeit bilden sie riesige Blütenteppiche, um sich danach wieder unauffällig bis zur nächsten Blüte zurückzuziehen. Bei guter Versorgung mit Wasser und Nährstoffen sind sie aber auch in der Lage, den ganzen Sommer über zu blühen. Auch in den regenreicheren Küstengebieten sind viele Pflanzen zu Hause, die wir als Balkon- und Kübelpflanzen schätzen.

Safari-Style auf der Terrasse In den mittleren Bereich pflanzen Sie gelb blühende Kapfuchsien, dazu gesellen sich Kapmargeriten in Orange- oder Terrakottatönen und Elfensporn, die neben den üblichen lachsrosa Tönen auch in erdigem Orange erhältlich sind. Der vordere Bereich kann entweder mit niedrigen Gazanien oder mit hängend wachsenden Bacopen gestaltet werden. Die neue Sorte 'Morning Star' hat gelb panaschierte Blätter, die sich hervorragend in die Gestaltung einfügen.
Eine ähnliche Wirkung lässt sich auch mit einer Auswahl südamerikanischer Pflanzen erzielen. Infrage kommen zum Beispiel niedrige Dahlien in feurigen Blütenfarben, hängende Kapuzinerkresse, Petunien, die es inzwischen auch in Gelb und in verschiedenen Aprikottönen gibt, außerdem Husarenknöpfchen, überhängend wachsend mit Hunderten von kleinen gelben Sonnenblüten.

Erdige Farben und ein Liegestuhl aus dunklem Holz – fertig ist der Kolonial-Look.

Die panaschierten Blätter der Funkien hellen schattige Ecken auf.

Schattenplätze

Die meisten Balkone und Terrassen sind so angelegt, dass sie den überwiegenden Teil des Tages Sonne erhalten, denn schließlich möchte man in seiner Freizeit am liebsten in der Sonne sitzen. Balkone und Terrassen, die nach Osten oder Westen liegen, bekommen nur an einem Teil des Tages Sonne. Auf einem Westbalkon können Sie auch am Abend noch die Sonne genießen, was besonders für Berufstätige einen unschlagbaren Vorteil darstellt. Balkone an der Nordseite von Gebäuden liegen dagegen die ganze Zeit im Schatten, außer vielleicht wenige Stunden morgens oder abends, wenn die Ausrichtung nicht exakt nach Norden zeigt.

Viele Pflanzen, die einen sonnigen Standort bevorzugen, wachsen auch an halbschattigen Plätzen durchaus zufriedenstellend. Meist fällt nur die Blüte ein wenig üppiger aus, dafür entschädigt dann aber attraktives Laub.

Besondere Pflanzen Die verschiedenen Begonien-Arten fühlen sich im Schatten äußerst wohl. Neben den kleinen, kompakten Eisbegonien, die sich für die Unterpflanzung von Hochstämmchen eignen, gibt es auch breit bis überhängend wachsende Arten und Sorten, die für die Bepflanzung von Kästen und Ampeln geeignet sind. Auch bei den Blütenfarben haben Sie eine große Auswahl. Zarte Pastellfarben sind ebenso auf dem Markt wie weiße Blüten, kräftiges Rot, Gelb oder Orange

Eine andere Gattung, die ihre Stärken an schattigen Standorten voll ausspielt, ist die Fuchsie. Die erhältlichen Sorten gehen inzwischen in die Hunderte, es gibt kleinblütige, großblütige, einfache und gefüllte Sorten. Die Farbpalette reicht dabei von Weiß über Rosa und Rot bis hin zu Blauviolett. Der dritte Vertreter für ausgesprochene Schattenplätze ist das Fleißige Lieschen. Die Sorten des Neuguinea-Lieschens besitzen relativ große, leuchtende Blüten und wachsen kompakt-buschig, während die Sorten des Fleißigen Lieschens etwas kleinere Blüten ausbilden und mehr in die Breite wachsen. Die Farbpalette reicht dabei von Weiß über Rosa und Rot bis hin zu dunklen Pinktönen. Auch gefüllte Blüten, die an kleine Röschen erinnern, sind im Programm.

Maiglöckchen verströmen im Spätfrühling ihren betörenden Duft.

Naschbalkon

*Neben Kräutern und Gemüse lassen
sich auch kleinwüchsige Obstsorten auf
Balkon und Terrasse kultivieren.*

Nicht nur Blumen und Blattschmuckpflanzen
sind prädestiniert für die Kultur in Kübeln
und Töpfen.. Auch zahlreiche Gemüse-Arten
wachsen hier ohne Probleme, sodass ein
guter Teil des täglichen Bedarfs auf Balkoni-
en geerntet werden kann. Dem begrenzten
Platz angepasst, wachsen die modernen
Terrassensorten nur moderat in Höhe und
Breite. Trotzdem bringen sie erstaunliche
Mengen an wohlschmeckenden Früchten
hervor. Oft sind diese kleinfrüchtigen Sorten
geschmacklich viel besser als die nur auf
Ertrag gezüchteten Sorten, die im Erwerbs-
gartenbau gezogen werden. Außerdem sind
zahlreiche Sorten nur schwer in frischer Qualität im Handel zu bekommen, daher lohnt
sich der eigene Anbau doppelt.

Balkontomaten

Das Sortiment an Tomaten, das auf dem Wo-
chenmarkt erhältlich ist, wurde in den letzten Jahren zwar immer umfangreicher, doch
es gibt Hunderte von Sorten, alle höchst

Mehrmals tragende Hängeerdbeeren sind
ideal für eine Pflanzung in Kübel und Kästen auf Balkon und Terrasse.

unterschiedlich in Farbe, Größe, Form und
Geschmack, dass Sie nicht auf diesen Ge-
nuss verzichten sollten. Besonders praktisch
für kleinere Kästen sind kompakt wachsende
Sorten, die nicht gestäbt werden müssen,
sondern frei über den Kastenrand wachsen
und ihre köstlichen Rispen herunterhängen
lassen. Die meisten schwachwüchsigen
Tomaten gehören zur Gruppe der kleinfrüchtigen Cherrytomaten mit süßlichem Aroma,
es gibt jedoch auch Sorten, deren Früchte
größer sind.

Noch mehr Gemüse Nicht nur Tomaten, sondern auch Paprika, Auberginen,
Zucchini und Kürbis eignen sich für den Anbau auf Balkon und Terrasse. Die modernen
Sorten sind kleinwüchsig, die Früchte fallen
ebenfalls viel kleiner aus als bei den üblichen
Sorten. Ein ausreichend großer Kübel und
bei Bedarf ein entsprechendes Rankgerüst
sind ausreichend, um eine reiche Ernte zu
garantieren.

KOSMOS TIPP

Auf immer mehr Pflanzenmärkten
und Pflanzenbörsen werden im
Frühling Jungpflanzen von alten,
seltenen und ausgefallenen Toma-
tensorten angeboten. Auch Chili-
und Paprika gehören inzwischen
zum festen Sortiment.

Die Menge an Äpfeln, die ein Mini-Obstbaum produziert, ist genau richtig für den sofortigen Verzehr.

Obst in Augenhöhe

Johannis- und Stachelbeeren werden in der Regel nicht sehr groß und lassen sich daher leicht in Kübeln kultivieren. Besonders geeignet sind Hochstämmchen. Die Stachelbeere 'Pax' hat keine Stacheln und ihre Früchte sind unempfindlich gegen Mehltau. Auch bei den Johannisbeeren sollten Sie auf moderne, mehltautolerante Sorten achten, deren Früchte gleichmäßig ausreifen, damit auch genügend leckere Früchte zum Naschen vorhanden sind. Lohnend für die Kübelkultur ist auch die Jostabeere, eine Kreuzung zwischen Johannis- und Stachelbeere, deren Früchte sehr aromatisch und besonders gesund sind. Bei den Äpfeln sind es vor allem die säulenförmig wachsenden Ballerina-Sorten, die auf kleinstem Raum erstaunliche Mengen an wohlschmeckendem Obst hervorbringen.

Kräuter

Kräutertöpfe verbinden Nutzen mit Schönheit Viele Kräuter blühen mit kleinen, zarten Blüten, duften intensiv und haben ein fantastisches Aroma. Basilikum duftet je nach Sorte nach Orangen, Zitronen oder Zimt! Auch die Kapuzinerkresse ist attraktiv und lecker zugleich. Die Blätter werden – sparsam – als Salatgewürz verwendet und die Blüten sind ein wunderschöner, essbarer Schmuck. Bei Salbei stellt sich manchem die Frage: Ist er eine würzende Zierpflanze oder ein zierendes Würzkraut? Minzen eignen sich hervorragend für erfrischende Tees und als i-Tüpfelchen auf Süßspeisen, zum Beispiel zu frischen Erdbeeren, gemischt mit Honig.

Obstsorten für den Kübel

Art	Geeignete Sorten	Besonderheiten
Apfel	'Bolero', 'Golden Gate', 'Red River'	Säulenform
Birne	'Codo', 'Saphira', 'Decora'	z. T. Säulenform
Kirsche	'Griotella', 'Stella Compact'	schwachwüchsige Unterlage
Zierquitte	'Cido' (essbar!)	hoher Vitamin-C-Gehalt
Stachelbeere	'Larell', 'Pax' (stachellose)	Hochstämmchen

Pflanzen & Pflegen

Pflanzen gedeihen und blühen nur dann üppig, wenn sie an einem Standort wachsen, der ihren Ansprüchen gerecht wird. Von der eigenen Aussaat bis zum üppig blühenden Balkonkasten ist es nicht schwer, wenn richtig gegossen, gedüngt und gepflegt wird.

Überlegungen vorweg

Bevor Sie mit der Bepflanzung beginnen, überlegen Sie zunächst, wie Ihr Balkon oder Ihre Terrasse grundsätzlich gestaltet werden soll. Wollen Sie eine klassische Bepflanzung mit Sommerblumen oder bevorzugen Sie eine dauerhafte Bepflanzung mit Stauden und Gehölzen?

Bereits ab Januar sind die Kataloge der verschiedenen Züchter und Händler erhältlich. Beim Durchblättern finden Sie bestimmt wertvolle Anregungen für die eigene Gestaltung. Wenn Sie bereits Kübelpflanzen besitzen, ist es sinnvoll, die Sommerblumen passend dazu auszuwählen. Auch der Arbeitsaufwand für die Pflege muss berücksichtigt werden. Für eine üppige Dauerblüte müssen Sie regelmäßig gießen und düngen, Verblühtes herausschneiden und auf Anzeichen von Schädlingsbefall achten.

Auch die farbliche Gestaltung will wohl über-

Die Kräuter neben der Terrasse verbreiten köstliche Düfte.

legt werden. Besonders die Bepflanzung der Terrasse soll mit dem dahinterliegenden Garten harmonieren. Orientieren Sie sich auch bei der Wahl der Pflanzgefäße an Ihrem gesamten Gartenkonzept. Der vorhandene Terrassenbelag muss ebenso in die Planung mit einbezogen werden wie die Möbel.

Standort & Lage

Standort Pflanzen blühen und wachsen nur dann zufriedenstellend, wenn sie einen Standort erhalten, der ihren Ansprüchen gerecht wird. Sonnenkinder werden im Schatten immer vor sich hin kümmern, wenig Blüten ansetzen und leichter von Schädlingen und Krankheiten befallen. Viele Schattenpflanzen kommen auch an mehr oder weniger sonnigen Standorten noch zurecht, wenn sie genügend Feuchtigkeit erhalten. Trotzdem verblasst manch hübsche Blattzeichnung, im schlimmsten Fall verbrennt das Laub innerhalb von Stunden. Reine Südlagen erhalten in der Regel den ganzen Tag über Sonne – ideal für Sonnenanbeter unter den Pflanzen. Ost- und Westlagen liegen zumindest einen Teil des Tages im Schatten. Nordbalkone erhalten meist nur früh morgens und abends ein paar Sonnenstrahlen, liegen aber besonders um die Mittagszeit im Schatten.

Wind und Wetter Besonders Pflanzen mit zierlichen Stängeln und Blüten sehen nach einem kräftigen Wind oft reichlich zerzaust aus. Triebe brechen ab, die Blüten verlieren ihre Blütenblätter und bieten einen traurigen Anblick. Daher ist es entscheidend, ob ein Balkon eher die Form einer Loggia hat und die Pflanzen durch Seitenwände und überstehende Dächer geschützt sind, oder ob der Balkon frei an der Hauswand befestigt ist, sodass Wind und Regen vollen Zugriff haben.

Gebäude Auch die Nachbarbebauung hat entscheidenden Einfluss auf das herrschende Mikroklima. Sie kann im Einzelfall als Windschutz oder Windbeschleuniger wirken.

EXTRA

Wie viel Geld will ich ausgeben?

Gerade wer in einer Mietwohnung oder in einem gemieteten Haus lebt, möchte nicht allzu viel Geld ausgeben und sich trotzdem eine gemütliche Oase im Freien schaffen. Dazu müssen es nicht immer die perfekten Lösungen sein. Oft besitzen pfiffige Improvisationen sogar einen besonderen Charme:
➤ Ein unschöner Fliesenboden verschwindet unter lose verlegten Holzfliesen, die es günstig in Baumärkten, Gartencentern und Möbeldiscountern gibt.
➤ Mit Schilfmatten lässt sich die Balkonbrüstung ganz einfach blickdicht machen.
➤ Markisen sind teuer. Schrauben Sie ganz einfach Haken in die Balken über Ihnen, an denen Sie selbst genähte Bahnen aus Fallschirm- oder Markisenstoff einhängen. Nicht vergessen: Vermieter vorher fragen!
➤ Gerade bei wenig Platz sind leichte Aluminium-Möbel praktisch und mit verschiedenfarbigen Polstern lassen sich immer wieder neue Stimmungen schaffen.
➤ Balkonblumen wachsen bei guter Pflege und Düngung schnell. Kaufen Sie kräftige Pflanzen, dabei müssen es aber nicht die größten Exemplare sein. Kleinere Sortierungen sind günstiger, und schon nach kurzer Zeit haben sie den Rückstand aufgeholt.

Pflanzgefäße

Schöne Töpfe und Kästen tragen zum Gesamteindruck einer gelungenen Balkon- und Terrassenbepflanzung bei. Sie sollen nicht nur attraktiv, sondern auch zweckmäßig sein, dazu langlebig und bei einer auf Dauer angelegten Pflanzung auch frosthart.

Balkonkästen sind in den unterschiedlichsten Materialien erhältlich. Am preiswertesten sind Kunststoffkästen. Neben den klassischen Farben weiß, braun und grün werden auch Modelle in anderen Farben angeboten, die Sie passend zur vorgesehenen Bepflanzung auswählen können. Achten Sie beim Kauf auf gute Qualität. Die Farben sollten lichtecht sein und auch nach mehreren Jahren nicht ausbleichen. Markenhersteller geben häufig eine mehrjährige Garantie auf ihre Gefäße. Häufig imitieren Kunststoffkästen andere Materialien wie Terrakotta auf verblüffende Weise. Kunststoffkästen haben den Vorteil, dass sie relativ leicht zu heben sind. Neben den einfachen Kästen werden auch unterschiedlichste Modelle mit eingebautem Wasserreservoir angeboten. Die einfacheren haben Matten auf dem Boden, die größere Mengen an Gießwasser aufsaugen und gleichmäßig wieder abgeben. Solche Kästen sind etwas höher, damit die Wurzeln der Pflanzen noch genügend Raum haben. Auch Balkonkästen aus Terrakotta und Ton sind sehr beliebt. Oft sind ganze Serien aus Kästen und Kübeln im Angebot, alle im Design aufeinander abgestimmt und vielseitig zu kombinieren. Die angenehmen Rottöne hochwertiger Terrakotta harmonieren hervorragend mit jedem Bepflanzungsstil. Anders als Kunststoff atmet das Material und verdunstet dabei auch immer einen Teil des Gießwassers. Sie müssen in diesem Fall also etwas großzügiger gießen.

Wer es besonders edel mag, kann aus einem umfangreichen Sortiment an Gefäßen aus Zink, Edelstahl und Kupfer wählen. Mit der Zeit setzen diese Materialien eine Patina an und werden immer schöner, zudem sind sie so gut wie unzerstörbar.

Unter Bezeichnungen wie Fibre-Clay, Poly-Terrazzo oder Polystone kommen immer mehr Gefäße auf den Markt, die Steinma-

Klassische Terrakotta-Töpfe sind mit einer rustikalen Bepflanzung eine Augenweide.

Farblich passend wurden diese Blechgefäße zu den Blütenfarben der Hyazinthen und Tausendschön ausgewählt.

Eine simple Stahlmatte bietet der Prunkbohne genügend Halt, um sich nach oben zu winden.

terialien täuschend ähnlich sehen, aber viel leichter, dazu stoß- und frostfest sind. Gerade bei größeren Kübeln macht sich das geringere Gewicht deutlich bemerkbar.

Topfspaliere

Um üppig wachsen zu können, benötigen alle Kletterpflanzen Rankhilfen. Je nachdem, auf welche Art sie sich in luftige Höhen arbeiten, muss die Kletterhilfe unterschiedlich ausfallen. Schlinger winden sich um nicht zu dicke Stäbe oder Drähte, während Kletterpflanzen, die Ranken ausbilden, ein Spalier benötigen. Eine Kletterhilfe für Schlinger ist schnell gebaut: Führen sie 3–5 mm dicken Nylon- oder Drahtseile im Abstand von 10 cm senkrecht an der Wand entlang nach oben (mit Haken befestigen). Besonders preiswert sind einfa-

che Baustahlmatten (damit sie nicht rosten, sollten Sie sie vorher mit spezieller Farbe streichen (z. B. Hammerite), es gibt aber auch fertige Netze, die an den Ecken des Balkons mit Schlaufen und Ösen befestigt werden können. Katzen- oder Taubenschutznetze sind dafür nicht stabil genug.

KOSMOS TIPP

Weniger durch seine Blüten, dafür mehr durch sein besonders schönes Laub überzeugt der Japanische Hopfen, besonders die panaschierte Sorte 'Variegatus'. Hopfen ist der ideale Kandidat für halbschattige und schattige Balkone.

Pflanzeneinkauf

Kräftige Jungpflanzen mit gutem Knospenansatz garantieren für üppiges Wachstum und lange Blütedauer, regelmäßige Pflege und ausreichende Düngergaben vorausgesetzt.

Bezugsquellen

Qualität erkennen Hochwertige Pflanzen sind buschig mit gleichmäßig langen Trieben. Lange helle Triebe, die dazu noch spärlich belaubt sind, weisen auf zu dunklen Stand hin. Sie besitzen gesundes Laub mit sortentypischer Blattfarbe. Es sollten keine Flecken, Pilzbeläge oder vergilbte Blätter zu sehen sein. Schlappes Laub ist ein Anzeichen dafür, dass die Pflanzen auf dem Transport zum Verkaufsort gelitten haben oder dass die Pflanzen nicht ausreichend gegossen wurden. Auch abgeknickte Stängel sind ein Anzeichen für schlechte Transport- oder Lagerbedingungen. Ein weiteres Kriterium ist der gut durchwurzelte Ballen, der weder zu feucht noch zu trocken sein sollte. Beim Herausziehen des Ballens aus dem Topf sind zahlreiche gesunde, helle Wurzeln zu sehen. Der Wurzelballen fällt nicht auseinander. Insgesamt machen gute Pflanzen einen kräftigen Eindruck und besitzen bereits einen

Bei der Auswahl in Gartencentern ist für jeden Geschmack etwas dabei.

guten Knospenansatz, damit die Blüte nach dem Pflanzen nicht mehr allzu lange auf sich warten lässt. Viele typische Balkonpflanzen werden ab April/Mai bereits blühend verkauft. So haben Sie auf jeden Fall die Gewissheit, dass Ihre Blumen auch wirklich in der gewünschten Farbe blühen und Sie später keine Überraschungen erleben.

Die örtliche Gärtnerei Gärtnereien haben in der Regel ein gutes Standardsortiment. Sie pflegen intensiven Kontakt zu ihren Kunden und sind dadurch auch über deren spezifische Wünsche gut informiert. Die Qualitätsstandards der Gärtnereibetriebe sind hoch, denn sie sind auf die Zufriedenheit der Kunden angewiesen, wenn sie diese langfristig an sich binden wollen. Gärtnereien beziehen ihre Ware in der Regel direkt von den Züchtern beziehungsweise von speziellen Vermehrungsbetrieben und kultivieren die dort bezogene Jungware weiter, um rechtzeitig zu Saisonbeginn verkaufsfertige Pflanzen anbieten zu können.

Gartencenter Im Gartencenter erhalten Sie fast überall ein umfangreiches Sortiment der gängigen Beet- und Balkonblumenarten. Im Gegensatz zu Gärtnereien beziehen die Gartencenter verkaufsfertige Ware von Gärtnereien, die genügend große Stückzahlen liefern können. Die Qualität ist normalerweise gut. Es kommt vor allen darauf an, dass die Pflanzen fachgerecht vom Personal gepflegt werden, solange sie am Verkaufsort stehen.

KOSMOS

TIPP

Wenn Sie schon im zeitigen Frühjahr besondere Wünsche anmelden, kann Ihre Gärtnerei Ihnen auch sicher die gewünschten Arten bzw. Sorten bis zum Saisonstart beschaffen.

So sieht ein gut durchwurzelter Topfballen aus. Die Pflanze wird im Kasten schnell weiterwachsen.

Versandhandel Schon zum Winterende verschicken zahlreiche Versandgärtnereien ihre Kataloge. Ab April werden blühende bzw. knospige Pflanzen versandt, die Sie sofort in die vorgesehenen Kästen und Töpfe pflanzen können und die rasch anwachsen. Bei einer Versandgärtnerei Pflanzen zu bestellen bedeutet Vertrauen in das Unternehme zu setzen, denn Sie können die Pflanzen beim Kauf nicht sehen, sondern müssen sich darauf verlassen, dass die Qualität in Ordnung ist. Viele Unternehmen bieten den Kunden daher umfangreiche „Zufriedenheitsgarantien" und die Option, Ware zurückzusenden, wenn sie nicht den Vorstellungen entspricht oder wenn die Pflanzen auf dem Transportweg, zum Beispiel durch zu lange Laufzeit, gelitten haben.

Pflanzenbörsen Eine gute Quelle für ausgefallenere Wünsche sind Pflanzenbörsen. Sie werden von Pflanzenliebhabergesellschaften oder Gartenbauvereinen veranstaltet, deren Mitglieder überzählige Exemplare verkaufen oder gegen andere Pflanzen eintauschen. Die Termine werden meist in der Tagespresse oder auch Gartenzeitschriften bekannt gegeben.

Pflege-Einmaleins

Pflanzen in Kästen und Kübeln benötigen neben Wasser und Dünger regelmäßige Aufmerksamkeit, damit sie die ganze Saison über gesund und schön bleiben.

Laufende Pflege

Rückschnitt für bessere Verzweigung Neu eingesetzte Pflanzen mit wenigen Trieben können Sie um ein Drittel einkürzen. Dadurch wird eine bessere Verzweigung angeregt, die Pflanzen wachsen buschiger und bilden auch mehr Blüten aus. Auch später, wenn der Blütenflor nachzulassen beginnt, hilft ein vorsichtiger Rückschnitt, um die Blütenbildung neu anzuregen.

Verblühtes entfernen Alle Blütenpflanzen entwickeln ihre Blüten, um sich fortzupflanzen. Die Blüten werden meistens von Insekten, manchmal auch vom Wind, bestäubt. Danach setzen sie Samen an, aus denen sich die nächste Generation entwickelt. Mit einem reichlichen Samenansatz hat die Pflanze also ihre Mission erfüllt und kann ihre Blütenbildung einstellen. Damit Ihre Blumen Sie durch eine lang anhaltende Blüte erfreuen, müssen Sie regelmäßig alles Verwelkte entfernen. Einzelblüten an weichen Stängeln kneifen Sie dabei einfach mit den Fingernägeln ab. Bei festen drahtigen Stängeln verwenden Sie am besten eine kleine Schere. Blütenrispen schneiden Sie komplett ab, wenn alle daransitzenden Blüten verblüht sind. Vergilbte, deformierte und trockene Blätter werden ebenfalls entfernt.

Schädlingskontrolle Kontrollieren Sie Ihre Pflanzen regelmäßig auf Schädlinge. Bei beginnendem Befall reicht es meist, die befallenen Pflanzenteile abzuschneiden und in der Mülltonne zu entsorgen. Blattläuse in geringer Zahl können Sie leicht mit den Fingern zerdrücken, bevor sie sich zu größeren Kolonien vermehrt haben. Pflanzenschutzmittel aller Art kommen so erst gar nicht zum Einsatz. Sinnvoll können hingegen Pflanzenstärkungsmittel sein, die sie selber ansetzen können, die es aber auch fertig im Handel zu kaufen gibt. Beispiele hierfür sind Brennnesselbrühe und Neem-Präparate. Manche Schädlinge verstecken sich auch in der Erde. Bei kümmerlichem Wuchs oder welken Pflanzenteilen lohnt es sich, den Ballen auszutopfen und auf Engerlinge und Co zu untersuchen.

Wenn Sie Verblühtes ständig abschneiden, verlängern Sie die Blütedauer erheblich.

KOSMOS

TIPP

Brennnesseljauche lässt sich aus 1 kg frischen Brennnesseln und 10 l Wasser selbst herstellen. Lassen Sie die Brennnesseln in dem Wasser 2–4 Tage ziehen und gießen Sie den Sud danach durch einen Filter ab. Füllen Sie das Ganze in einen verschließbaren Behälter, denn die Jauche riecht ziemlich unangenehm. Zum Gießen verdünnen Sie den Sud im Verhältnis 1:10 mit Wasser. Unverdünnte Jauche führt zu Verbrennungen auf den Blättern!

Richtig pflanzen

Damit Ihre Balkonblumen nach einem Regenguss nicht im Wasser stehen, sollte unter der Erde eine 2–3 cm dicke Dränageschicht aus Kies oder Blähton eingearbeitet werden. So kann überschüssiges Wasser schnell ablaufen. Es gibt auch Balkonkästen mit Dränagematten, die überschüssiges Wasser aufsaugen und dann langsam wieder an die Wurzeln abgeben. Generell gilt: Setzen Sie die Blumen nicht zu dicht, denn sie wachsen noch. In einen 80 cm langen Kasten passen ungefähr sechs bis sieben Pflanzen. Blumen aus Töpfen sollten Sie vor dem Einsetzen gründlich gießen, damit der Wurzelballen gut durchtränkt ist. Setzen Sie die Pflanzen etwa so tief, wie sie vorher in den Töpfen oder Trays gestanden haben, eher 1–2 cm tiefer als zu hoch. Das Gleiche gilt eigentlich auch für das Pflanzen von Blumenzwiebeln. Als Substrat kann normale Blumenerde aus dem Gartencenter verwendet werden. Wichtig ist auch hier, dass überschüssiges Gieß- oder Regenwasser gut abfließen kann, denn stauende Nässe vertragen die Zwiebeln nicht. Zwiebeln dürfen in Gefäßen enger stehen als im Garten, sollten sich aber nicht berühren. Die Pflanztiefe ist normalerweise auf der Verpackung angegeben. Als Faustregel gilt, dass die Pflanztiefe das zwei- bis dreifache der Zwiebelhöhe betragen sollte. Sollte das Gefäß relativ klein sein, ist es besser, die Zwiebeln nicht ganz so tief zu pflanzen, damit die Wurzeln noch ausreichend Platz haben und sich gut entwickeln können. Zum Schluss werden sie mit einer Schicht Erde abgedeckt und angegossen. Durch Pflanzung in mehreren „Etagen" lassen sich wunderschöne Zusammenstellungen komponieren, die über einen langen Zeitraum blühen.

EXTRA

Tipps für die erfolgreiche „Kräuterei"

Wenn Sie unterschiedliche Kräuter in Kästen zusammenstellen, achten Sie auf gleiche Ansprüche bezüglich Wasser und Dünger. Wenig Wasser benötigen Rosmarin, Thymian, Salbei und Oregano. Häufiger gegossen werden Schnittlauch, Melisse, Liebstöckel und Estragon.
Da den Pflanzen in den Töpfen wenig Erde zur Verfügung steht, sollten Sie die Kräuter gelegentlich mit einem speziellen Kräuterdünger düngen. Auf keinen Fall dürfen Sie üblichen Balkonblumendünger verwenden, dieser enthält viel zu viele Nährstoffe.
Ernten Sie Kräuter am besten morgens, dann duften sie am intensivsten und die ätherischen Öle entfalten ihre volle Wirkung. Später am Tag sind viele Aromastoffe bereits verflogen.

Kältereiz für Blütenbildung Damit die Zwiebeln im nächsten Jahr blühen, brauchen sie die winterliche Kälte als Auslöser für die Blütenbildung. Sie können deshalb ruhig draußen bleiben, sollten aber vor zu starkem Frost geschützt werden. Dazu rückt man sie zusammen und schützt sie z. B. durch Abdecken mit luftdurchlässigem, isolierendem Vlies, damit die Erde nicht durchfriert. An wärmeren Tagen kann man das Isoliermaterial abnehmen und die Zwiebeln gelegentlich etwas gießen. So vorbereitet, steht einem blühenden Start in den Frühling auch auf Balkon und Terrasse nichts mehr im Wege.

Optimal gießen

Da der Wurzelraum aller Pflanzen, die in Kästen, Töpfen und Kübeln wachsen, stets begrenzt ist, müssen sie unbedingt regelmäßig gegossen werden, damit ihre Wurzelballen nicht austrocknen. Die meisten Balkon- und Kübelpflanzen stammen aus mehr oder weniger tropischen Gebieten, in denen es regelmäßig regnet. Das Laub dieser Pflanzen ist üppig und verdunstet dementsprechend viel Wasser über die Blattoberfläche. Dazu wachsen sie schnell und bilden eine hohe Anzahl an Blüten. Das bedeutet, dass sie auch bei uns auf dem Balkon viel Durst haben und es umgehend übelnehmen, wenn sie auf dem Trockenen sitzen. Eine Ausnahme machen nur die Vertreter aus mediterranen Gebieten, die Sie häufig an ihrem eher zierlichen, oft graugrünen oder silbrigen Laub erkennen können. Diese Pflanzen kommen mit weit weniger Wasser aus und überstehen auch kurze Trockenperioden. Trotzdem sollten Sie auch bei ihnen die Wurzelballen nicht austrocknen lassen.

Tägliches Gießen, bei sommerlicher Hitze sowohl morgens als auch abends, ist also absolute Pflicht, damit sich Ihre Pflanzen auf Balkon und Terrasse in Hochform präsentieren. Prüfen Sie vor dem Gießen die Feuchtigkeit des Substrates. Wenn die Oberfläche bereits angetrocknet ist, ist es höchste Zeit. Gießen Sie großzügig, aber langsam, damit die Erde nicht herausgeschwemmt wird. Überschüssiges Gießwasser läuft durch die Abzugslöcher am Boden wieder heraus. Falls Sie Untersetzer unter den Pflanzenbehältern haben, schütten Sie das darin stehende Wasser ab, warten Sie aber erst einige Minuten, denn oft saugen die Wurzeln einen Teil des Wassers bis dahin noch auf.

Leitungswasser oder Regenwasser? Optimal zum Gießen ist natürlich das weiche Regenwasser, zudem sparen Sie auch eine Menge an Wassergebühren, wenn Sie darauf zurückgreifen können. Oft genügt schon eine Regentonne, in der ein Teil des

Mit einer Regentonne lässt sich Einiges an Wasserkosten sparen.

TIPP

Gießen Sie Ihre Pflanzen am besten morgens und/oder abends und nicht in der prallen Mittagshitze. Das Wasser verdunstet sonst zum Teil schon während des Gießvorgangs. Auf keinen Fall sollten Sie die Pflanzen bei voller Sonne mit der Brause gießen, weil das Laub dabei mit zahllosen Wassertröpfchen benetzt wird, die wie Brenngläser wirken. Im schlimmsten Fall führt das zu Verbrennungen auf den Blättern.

Bei vielen Kübelpflanzen lohnt sich eine automatische Tröpfchen-Bewässerung.

Wassers, das durch die Regenrinne läuft, aufgefangen wird. Eine Regentonne kann allerdings in der Regel nicht auf dem Balkon aufgestellt werden, weil auch kleine Tonnen mindestens 500 l Wasser fassen und sie damit eine zu schwere Last darstellen können. Garten- und Terrassenbesitzer haben jedoch die Möglichkeit, mithilfe einer Regentonne etwas von dem kostbaren Nass aus dem Regenrohr abzuzweigen. Regentonnen müssen übrigens nicht immer aus simplem grünem oder blauem Kunststoff bestehen, es gibt auf dem Markt auch ansprechende Modelle, zum Beispiel Holzfässer oder solche, die Felsbrocken täuschend ähnlich sehen. Unauffällig werden Regentonnen auch, wenn Sie einfach Kletterpflanzen an einem entsprechenden Rankgerüst drumherum wachsen lassen. Wenn Sie Leitungswasser zum Gießen verwenden, füllen Sie es am besten in Gießkannen und lassen es einige Stunden darin stehen, damit es sich erwärmt, bevor Sie mit dem Gießen beginnen.

Die Gießtechnik erleichtert die Arbeit

Wer größere Mengen an Balkon- und Terrassenpflanzen zu versorgen hat, weiß, wieviel Arbeit das tägliche Gießen bereitet, besonders wenn zahlreiche Gießkannen zu schleppen sind. Ein Wasserhahn an der Hauswand, an dem der Gartenschlauch angeschlossen wird, erleichtert die Arbeit erheblich. Aber auch hierbei müssen Sie täglich ans Gießen denken.

Praktisch sind Blumenkästen mit Wasserreservoir, die die Gießmenge für etwa zwei Tage speichern. So werden Ihre Pflanzen auch während einer kurzen Abwesenheit gut versorgt. Kästen mit Wasserreservoir haben in einer Ecke einen Einfüllstutzen für das Gießwasser, das im Innern durch feine Kanäle zu den Wurzeln geleitet wird. Am Stutzen können Sie jederzeit ablesen, ob noch genügend Wasser im Reservoir ist. Gegossen wird immer bis zum oberen Rand.

Filzmatten auf dem Boden der Kästen dienen als Wasserspeicher.

Unabhängigkeit durch automatische Bewässerung
Wer die Bequemlichkeit liebt, wird sich vielleicht für ein automatisches Bewässerungssystem begeistern. Die Möglichkeiten reichen dabei vom simplen Tropfschlauch bis zum computergesteuerten System.
Der Tropfschlauch ist im Prinzip nichts anderes als ein perforierter Gartenschlauch, der zwischen die Pflanzen gelegt und an den Wasserhahn angeschlossen wird. Die Durchflussmenge wird durch das Öffnen des Wasserhahns reguliert. Die Länge des Schlauchstückes und die Anzahl der Tropflöcher im Pflanzbehälter bestimmen dabei die Wassermenge, die pro Stunde an die Pflanzen abgegeben wird. So werden die Pflanzen gleichmäßig und Wasser sparend bewässert.

Richtig düngen

Neben der Bewässerung spielt auch eine auf das Pflanzenwachstum abgestimmte Düngung eine wichtige Rolle, damit Ihre Balkon- und Terrassenblumen kontinuierlich bis zum Saisonende blühen. Da die Pflanzen dabei enorme Leistungen vollbringen, benötigen sie regelmäßige und ausreichende Düngergaben. Wenn Sie beim Pflanzen vorgedüngte Qualitätserde verwendet haben, reicht das Nahrungsdepot erst einmal für die ersten 6–8 Wochen. Danach sollten Sie Ihren Pflanzen aber die erste weitere Düngergabe gönnen. Im Handel erhalten Sie Dünger in den verschiedensten Zusammensetzungen und Darreichungsformen.

Mineralisch oder organisch? Für Saisonbepflanzungen sind mineralische und organisch-mineralische Dünger sinnvoll, weil sie ihre Wirkstoffe schnell und vollständig an die Pflanzen abgeben.
Viele Dünger für Balkon- und Terrassenbepflanzungen sind in flüssiger Form erhältlich und werden einfach dem Gießwasser zugegeben. Andere wiederum bestehen aus kleinen Körnchen, die um die Pflanzen gestreut und leicht untergeharkt werden. Bei der Anwendung sollten Sie sich an die Angaben auf den Packungen halten, auf keinen Fall dürfen Sie eine höhere Dosierung wählen, denn die im Dünger enthaltenen Salze schädigen in hoher Konzentration die Pflanzen.

Depotdünger Wer sich die regelmäßige Düngung ersparen will, kann auch Depotdünger verwenden. Dabei sind die Wirkstoffe in Trägersubstanzen eingelagert, werden nach und nach freigesetzt und können von den Pflanzen aufgenommen werden. Auf diese Weise brauchen Sie nur alle paar Wochen zu düngen. Lesen Sie aber auch hierbei sorgfältig die Herstellerangaben zur richtigen Dosierung. „Viel hilft viel" hilft nicht. Im Gegenteil, zu viel Dünger führt zu Wurzelschäden. Depotdünger sind meistens von körniger Substanz. Es gibt aber auch Kegel und Stäbchen, die in die Erde gesteckt werden.

Düngemittel immer genau nach den Angaben auf der Verpackung dosieren.

Mediterrane Kräuter düngen Die handelsüblichen Volldünger haben für die meisten Beet- und Balkonblumen die richtige Zusammensetzung. Mittelmeerkräuter wie Lavendel, Rosmarin oder Heiligenkraut haben allerdings etwas andere Ansprüche. Sie benötigen weniger Dünger, außerdem reagieren sie empfindlich auf zu hohe Stickstoffgaben. Das silbrige Laub wird weich und dabei anfällig für Schädlinge. Außerdem sinkt der Gehalt an aromatischen, ätherischen Ölen. Düngen (und wässern) Sie diese Pflanzen am besten sehr sparsam mit organisch-mineralischem Dünger.

Stauden und Gehölze Auch Stauden und Gehölze, die in Kübeln auf dem Balkon oder der Terrasse stehen, brauchen nicht die gleichen Düngermengen wie die schnell wachsenden Einjährigen. Eine Düngung zum Austrieb im Frühling, danach monatliche Düngungen bis Ende August sind ausreichend. Spätere Düngungen gehen zu Lasten der Winterhärte. Hier können Sie auch gut organische Dünger, z. B. Hornspäne, abgelagerten Kompost oder Rinderdung (granuliert und getrocknet im Handel) verwenden.

Dünger-Eigenschaften

Organisch- mineralischer Dünger	Organischer Dünger	Mineralischer Dünger
sofort wirksam	keine Sofortwirkung	sofort wirksam
Langzeitwirkung	Langzeitwirkung	Langzeitwirkung bei besonderen Stickstoffformen
Nährstoffgehalt / Düngeformel wählbar	Nährstoffgehalt schwankend und durch die Natur begrenzt	Nährstoffgehalt / Düngeformel wählbar
fördert Humusbildung	fördert Humusbildung	bedarfsgerechte Versorgung der Pflanzen
aktiviert Bodenleben	aktiviert Bodenleben	hohe Pflanzenverfügbarkeit und -verträglichkeit
ausgewogenes Nährstoffangebot	langfristig ausgewogenes Nährstoffangebot	ausgewogenes Nährstoffangebot

Eigenschaften von Pflanzsubstraten

Substrat	Eigenschaften	für welche Pflanzen
Anzuchterde	nährstoffarm, luftig locker, nicht vernässend	Aussaaten und Stecklinge
Rhododendron- oder Azaleenerde	sauer, pH-puffernd, humusreich	Azaleen, Heidekraut, Kamelien
Beet- und Balkonpflanzen-erde	nährstoffreich, phosphor- und kali-betont gedüngt, pH-Wert leicht sauer bis neutral, strukturstabil	Beet- und Balkonblumen, Sommerblumen, Gemüse-pflanzen im Topf
Grünpflanzenerde, Kübelpflanzenerde	nährstoffreich, stickstoffbetont gedüngt	Blattschmuckstauden, Kübelpflanzen
Pflanzerde	humusreich, nährstoff- und pH-Wert-puffernd	nur als Beimischung zum Auspflanzen in gewachse-nem Boden im Garten
Zitruserde	sauer, mineralstoff- und tonreich, strukturstabil	Zitrusbäumchen, Hortensien, Kamelien

Richtig gedüngt wachsen Balkonpflanzen zu prächtigen Exemplaren heran.

Das richtige Substrat

Damit sich Ihre Balkon- und Terrassenbepflanzung die ganze Saison über von der besten Seite zeigt, sollten Sie bei der Erde nicht sparen. Gute Substrate zeichnen sich dadurch aus, dass sie gleichmäßig feinkrümelig sind und die Feuchtigkeit gut halten. Sie enthalten einen ausreichend hohen Anteil an Tonmineralien, hochwertigen Torf mit optimaler Struktur und die Beimischung von Zuschlagstoffen, die eine gute Wasser- und Nährstoffspeicherung garantieren. Die Erde bleibt damit vergießfest und atmungsaktiv, Wasser und Nährstoffe werden optimal an die Pflanzenwurzeln abgegeben. Wasseraufnahme verbessernde Zuschlagstoffe sorgen darüber hinaus für eine gleichmäßige Verteilung von Feuchtigkeit und Nährstoffen im Wurzelbereich und verhindern ein schnelles Austrocknen. Das Ergebnis sind kräftige gesunde Pflanzen und ein reicher Blütenflor. Gebrauchsfertige Substrate enthalten zusätzlich Vorratsdünger und alle für das Pflanzenwachstum notwendigen Nährstoffe. Eine Nachdüngung der Pflanzen ist daher erst nach ca. 6–8 Wochen nach dem Einpflanzen notwendig – wird zu früh gedüngt, kann es zu Wurzelschäden kommen.

Astern sind ausdauernd und brauchen strukturstabile Pflanzsubstrate.

KOSMOS

TIPP

Hersteller von Qualitätssubstraten lassen ihre Erden regelmäßig von unabhängigen Instituten überprüfen. Hinweise darauf und die entsprechenden Qualitätssiegel finden Sie immer auf der Verpackung.

EXTRA

Substrate für Dauerbepflanzungen

Wenn Sie Stauden und Gehölze in Kübeln kultivieren wollen, mischen Sie ein Drittel Blumenerde, ein Drittel lockere Gartenerde und ein Drittel reifen Kompost. Zusätzlich können Sie noch Hornspäne als Langzeitdünger untermischen. Für Rhododendren und andere Gehölze wie Kamelien, die sauer-humosen Boden benötigen, verwenden Sie am bestem spezielle Rhododendronerde, die Sie im Handel erhalten. Auch Kräuter benötigen ein anderes Substrat als dauerblühende Balkonblumen. Mischen Sie dafür gesiebte feinkrümelige Gartenerde (Komposterde) mit viel Sand und etwas Blähton, Lavagrus oder Perlite. Eine zusätzliche Düngung ist bei allen Gewächsen erst 6–8 Wochen nach der Pflanzung nötig.

Pflanzenschutz

Die beste Abwehr gegen Krankheiten und Schädlingen ist ein artgerechter Standort, ausreichende Wasserversorgung und optimale Düngung. Doch auch bei guter Pflege bleiben Balkon- und Kübelpflanzen nicht immer von Krankheiten und Schädlingen verschont. Je eher sie entdeckt werden, desto weniger müssen Sie die „Chemische Keule" einsetzen.

Pilzkrankheiten

Pilzkrankheiten zählen zu den häufigsten Schadursachen bei Balkonblumen. Sie werden durch sogenannte Sporen übertragen. Wasserspritzer und Wind verbreiten die Erreger im Pflanzenbestand. Über Wunden oder natürliche Öffnungen dringen die Pilzsporen besonders leicht in die Pflanzenzellen ein.

Besonders alte Rosensorten werden vom Sternrußtau befallen.

Grauschimmel Befallene Pflanzen wirken wie mit einer mehligen grauen Schicht eingestäubt. Blüten verkleben, vertrocknen und fallen als graue Mumien ab. Grauschimmel entsteht vor allem bei feuchtem Wetter, wenn die Pflanzen ständig nass bleiben. Befallen werden immer nur die weichen Teile wie junge Triebe und Knospen. Befallene Pflanzenteile sollten Sie umgehend abschneiden, bevor sich der Pilz weiter ausbreitet. Ungefüllte Blüten sind sehr viel weniger anfällig für Grauschimmel als dicht gefüllte, die sich bei nassem Wetter schlecht öffnen und damit dem Pilz eine ideale Brutstätte bieten.

Mehltau Mehltau breitet sich bei feuchtem Wetter besonders stark aus. Junge Triebe und Knospen werden dabei mit einem mehligen weißen Belag überzogen. Viele moderne Züchtungen sind aber recht resistent gegen diese Pilzerkrankung. Bei leichtem Befall schneiden Sie die befallenen Partien großzügig ab, bei starkem Befall helfen nur chemische Präparate. Oft genügt es auch, gefährdete Pflanzen an einen Standort zu stellen, an dem eine bessere Luftzirkulation herrscht, sodass sie schneller abtrocknen.

Rußtau Diese Pilzkrankheit erkennen Sie an dunkelbraunen oder schwarzen Flecken an den Blättern. Meist tritt er als Folge von Blattlausbefall auf. Auf dem von den Tieren ausgeschiedenen Honigtau siedelt sich der Pilz bevorzugt an. Zur Bekämpfung können Sie Präparate auf Kaliseifen-Basis verwenden. Die Pflanzen werden damit mehrmals gründlich eingesprüht. Der Sternrußtau ist eine gefürchtete Krankheit bei Rosen, für den besonders ältere Züchtungen empfindlich sind. Moderne Züchtungen sind weitgehend robust gegen diesen Schadpilz.

Rost Vor allem Fuchsien und Geranien sind anfällig für Rostpilze. Bei Fuchsien machen sich die Symptome durch gelbe Pusteln an den Blattunterseiten bemerkbar, während bei Geranien kreisförmige braune Stellen zu sehen sind. Zusätzlich sind auf der Oberseite der Blätter helle Flecken zu erkennen. Meist werden Pflanzen, die zu nass stehen, befallen. Pflücken Sie die befallenen Blätter bei den ersten Anzeichen der Krankheit ab.

Echter Mehltau ist an einem hellen Belag auf der Blattoberseite erkennbar.

EXTRA

Pflanzenschutzmittel

Pflanzenschutzmittel unterliegen der Pflanzenschutzverordnung und dürfen nur streng nach Anleitung ausgebracht werden. Auf der Verpackung sind alle wichtigen Daten zu lesen, wie die Bezeichnung des Mittels, Wirkstoffe und Verfallsdatum. Wichtig sind außerdem Angaben zu Wartezeiten, den erforderlichen Schutzmaßnahmen und das zugelassene Anwendungsgebiet, etwa Freiland, Innenräume, Beschränkungen für bestimmte Pflanzenarten. Lesen Sie die Gebrauchsanleitung auch zu Ihrem eigenen Schutz sehr sorgfältig. Sie dürfen nur Mittel verwenden mit dem Aufdruck: Anwendung im Haus- und Kleingarten zulässig.

Sorgfalt ist bei der Dosierung von Pflanzenschutzmitteln vonnöten. Um die gewünschte Wirkung zu erzielen, muss die Konzentration stimmen. Dosierhilfen, wie Messbecher, die stets in der Packung enthalten sind, erleichtern das Ansetzen von Spritzbrühen.

Stellen Sie keine größeren Mengen von Spritzbrühen her als notwendig. Bleiben Restmengen übrig, dürfen diese keineswegs ins Abwasser gelangen. Reste von Pflanzenschutzmitteln oder Spritzbrühen sind Sondermüll.

Wenn Sie sich bei der Dosierung unsicher sind, können Sie auf anwenderfreundliche Fertigprodukte zurückgreifen. Solche Spritzbrühen sind in Sprühflaschen abgefüllt und müssen nicht mehr selbst angemischt werden.

Tragen Sie beim Anmischen und bei allen Pflanzenschutzmaßnahmen immer Schutzhandschuhe. Zum Aufbewahren sind Pflanzenschutzpräparate an einem kühlen, frostfreien und trockenen Ort kindersicher und in der Originalverpackung zu lagern.

Blattläuse verursachen durch ihre Saugtätigkeit Verkrüppelungen an den Trieben.

Schädlinge

Neben den Pilzkrankheiten setzen auch saugende und beißende Insekten den Pflanzen zu. Besonders Blattläuse und Milben können bei hohem Befallsdruck starke Schäden anrichten. Zum Glück kommt es aber meist nicht so weit, denn die Natur schafft oft von sich aus einen Ausgleich. So sind zum Beispiel Blattläuse die Lieblingsspeise der Marienkäfer-Larven und der Florfliegen, und der Nachwuchs von Meisen und Co vertilgt große Mengen von Raupen.

Blattläuse   Diese Insekten schädigen die Pflanzen, indem sie die Pflanzensäfte der jungen Triebe aussaugen. Dadurch können sie geschwächt werden, zudem geben manche Blattlaus-Arten beim Anstechen des Pflanzengewebes giftige Stoffe ab, die zu Verkrüppelungen der Blätter und Knospen führen. Blattläuse können daneben durch ihre Saugtätigkeit verschiedene Viren übertragen, die die Pflanzen zusätzlich schädigen. Auf ihren zuckerhaltigen Ausscheidungen siedeln sich oft Rußtaupilze an, die Blattoberflächen verkleben, auch dies führt zu

deformierten Blättern. Ameisen ernähren sich bevorzugt von den zuckerhaltigen Ausscheidungen, sodass Sie bei einem hohen Blattlausbefall auch vermehrt mit Ameisen zu kämpfen haben. Die Bekämpfung eines beginnenden Blattlausbefalls ist einfach. Die Tiere können sie mit den Fingern zerdrücken oder auch mit einem scharfen Wasserstrahl abspritzen. Auch „Hausmittel" wie Schmierseifenbrühe helfen Ihnen, der Blattlausplage Herr zu werden, diese sind außerdem relativ umweltfreundlich und bringen das biologische Gleichgewicht nicht durcheinander.

Weiße Fliege   Ein anderer weit verbreiteter Schädling, der besonders Balkon- und Kübelpflanzen befällt, ist die Weiße Fliege. Besonders in warmen, trockenen Sommern tritt sie verstärkt auf. Die flugfähigen Insekten werden etwa 1,5 cm lang. Sie sind leicht zu erkennen, wenn sie durch Bewegen der Pflanze aufgeschreckt werden. Die erwachsenen Tiere legen zahlreiche Eier, deren Larven innerhalb von 3 Wochen wieder zu erwachsenen Tieren heranwachsen. Die Blätter der befallenen Pflanzen werden gelbfleckig, dazu siedeln sich auf dem ausgeschiedenen

KOSMOS   **TIPP**

Schmierseifenbrühe gegen Blattläuse:
Geben Sie
   300 g Schmierseife
   0,5 Liter Brennspiritus
   1 Esslöffel Salz und
   1 Esslöffel kohlensauren Kalk
in einen Eimer mit 10 Litern Wasser, rühren alles gut um und spritzen sie befallene Pflanzen bei bedecktem Wetter damit. Gehen Sie mit der Brühe nicht zu sparsam um, die Pflanzen können ruhig tropfnass eingesprüht werden.

Weiße Fliegen, auch Mottenschildläuse genannt, sitzen an der Blattunterseite.

Blattläuse tummeln sich mit Vorliebe an jungen weichen Trieben.

Honigtau leicht Rußtaupilze an. Eine Bekämpfung mit relativ ungiftigen Neem-Präparaten ist möglich, die Spritzungen müssen jedoch häufig wiederholt werden, da nur die Larven abgetötet werden. Eine gute Möglichkeit ist das Anbringen von Gelbtafeln direkt an den Pflanzen. Die flugfähigen erwachsenen Tiere werden durch die Farbe angelockt und bleiben an der klebrigen Oberfläche hängen.

Andere Insekten Käfer, Wanzen und Co können be starkem Befall durch ihre Fraßtätigkeit erhebliche Schäden an Blättern und Knospen verursachen. Sie werden am besten in den frühen Morgenstunden abgesammelt. Auch eine vogelfreundliche Umgebung mit genügend Brutmöglichkeiten trägt dazu bei, den Befall in Grenzen zu halten.

Schnecken Zu den gefräßigsten Schädlingen schlechthin gehören die Schnecken. Besonders unter reichlich gegossenen Pflanztöpfen oder auf der Innenseite von Übertöpfen, wo es relativ feucht ist, fühlen sie sich wohl und können dort unbeobachtet eine gute Weile überleben. Da Schnecken

vor allem nachtaktiv sind, fällt ihre Existenz meistens erst dann auf, wenn sie schon einigen Schaden angerichtet haben. Angefressene Blattränder und Löcher in den Blättern sind eindeutige Zeichen für Schneckenfraß, wenn die Fraßstellen glatt sind. Will man auf Pflanzenschutzmittel verzichten, hilft nur das häufige Kontrollieren und sofortige Absammeln. Wichtig ist auch, bei neu gekauften Pflanzen die Erde auf Schneckeneier und kleine Jungschnecken zu untersuchen, um einen Befall von vornherein zu vermeiden. Wenn sich der Einsatz von Bekämpfungsmitteln nicht vermeiden lässt, sollten Sie auf Präparate zurückgreifen, von denen Vögel und Säugetiere nicht beeinträchtigt werden.

Nützlinge

Nutzen Sie den Hunger der natürlichen Feinde und bieten Sie Florfliegen, Schlupfwespen und Marienkäfern Unterschlupfmöglichkeiten. Im Handel sind spezielle Nistkästen für diese Insekten erhältlich, Sie können sie aber auch einfach selber bauen. Selbst auf dem Balkon lässt sich ein Platz finden, an dem Sie sie aufhängen können.

Vermehrung

Obwohl es einfacher ist, fertige Pflanzen beim Gärtner oder im Gartencenter zu kaufen, macht es auch Spaß, selber Pflanzen für den Eigengebrauch heranzuziehen. Zudem sind manche Arten und bestimmte Sorten nur selten als Pflanzen erhältlich. Aussaat und Stecklingsvermehrung sind die gebräuchlichsten Methoden, um Jungpflanzen heranzuziehen.

Dieser Begoniensteckling ist bereits zu einer kräftigen Jungpflanze herangewachsen.

Aussaat

Damit die Aussaat Ihrer Balkon- und Terrassenblumen erfolgreich ist, sollten Sie einige grundlegende Dinge beachten. Zunächst eignen sich nicht alle Arten für die Aussaat zu Hause, denn sie haben ganz spezielle Wünsche an Faktoren wie Temperatur, Licht und Luftfeuchtigkeit, die vom Hobbygärtner nur schwer zu erfüllen sind. Einige Arten müssen schon im Januar ausgesät werden, damit sie bis zum Sommer blühfähig sind. Ohne zusätzliches Licht mithilfe spezieller Pflanzenleuchten entwickeln sich die Keimlinge nicht zufriedenstellend.

Ab Februar können Sie auch auf einer hellen Fensterbank aussäen, denn nun erhalten die Keimlinge genug Licht.

Aussaaterde Eine entscheidende Rolle für den Aussaaterfolg spielt die richtige Aussaaterde. Im Gegensatz zu den normalen Pflanzsubstraten ist Aussaaterde immer ungedüngt, da die Sämlinge zunächst kaum Nährstoffe benötigen. Zudem muss Aussaaterde keimfrei sein, denn die Sämlinge sind sehr anfällig für Schadorganismen. Auch in der Erde befindliche Unkrautsamen beeinträchtigen den Erfolg. Am besten verwenden Sie die im Handel erhältlichen fertig gemischten Aussaaterden. Die meisten enthalten einen hohen Anteil an Torf, doch es gibt auch Alternativen, bei denen Torf durch andere Wasser speichernde Faserstoffe wie etwa Kokosfasern ersetzt wurden. Achten Sie beim Kauf aber immer auf Qualitätserde, die regelmäßig von unabhängigen Institutionen überwacht wird (Hinweise auf der Verpackung beachten).

Töpfe, Etiketten und etwas Vermehrungserde – mehr brauchen Sie nicht zur Aussaat.

Einwegtöpfe aus kompostierbarem Material
kommen mit der Pflanze in die Erde.

**Hochwertiges Saatgut für gute Er-
gebnisse** Natürlich ist es möglich, selber
Samen zu ernten und im nächsten Frühling
auszusäen. Wildblumen und züchterisch
wenig bearbeitete Hybriden sind genetisch
stabil, sodass Sie recht einheitliche Pflanzen
erhalten werden. Die meisten Balkon- und
Beetpflanzen sind allerdings hoch komplexe
Kreuzungen verschiedener Sorten und sogar
Hybriden innerhalb einer Gattung. Pflanzenzüchter kreuzen Exemplare mit besonders
wünschenswerten Eigenschaften untereinander, und die erste Generation dieser Kreuzungen sind die sogenannten F1-Hybriden.
Das Saatgut dieser F1-Hybriden spaltet jedoch wieder auf, das Ergebnis sind stark va-
riierende Pflanzen von sehr unterschiedlicher
Qualität. F1-Hybriden müssen also immer
wieder neu aus den ausgewählten Mutterpflanzen gewonnen werden. In den Betrieben
der Pflanzenzüchter, in denen eine kontrol-

lierte Bestäubung möglich ist, stellt das kein
Problem dar. Sie sind also auf der sicheren
Seite, wenn Sie das qualitativ hochwertige
F1-Saatgut jedes Jahr neu kaufen.

Aussaaterde

Sie können für die Aussaat statt handelsüb-
licher Vermehrungs- oder Aussaaterde auch
selbst erzeugte Komposterde verwenden,
die Sie jedoch mit etwas Sand und eventuell
Torf mischen sollten. Wichtig ist in jedem
Fall, dass Sie die Erde vor der Verwendung
sterilisieren, um die immer vorhandenen Mi-
kroorganismen abzutöten, die sonst zu Pilz-
und Virusinfektionen der Sämlinge führen
können. Dazu füllen Sie die Erde in hitzefeste
Behälter (Sie können auch Bratfolie verwenden) und erhitzen sie im Backofen eine halbe
Stunde auf 80–90 °C. Erde von Maulwurfs-
hügeln eignet sich sehr gut als Basis für Aus-

Flache Schalen eignen sich gut für die Aussaat feiner Samen, die man zur besseren Dosierung auch mit Sand mischen kann.

saaterde, denn sie ist locker und in der Regel leicht zu erhalten, besonders in ländlichen Gebieten. Mischen Sie dazu 1 Teil Maulwurfserde, 1 Teil gewaschenen Sand und 1 Teil Torf. Die Erdmischung eignet sich auch gut als Substrat für die Stecklingsvermehrung.

Überzählige Jungpflanzen   Meist benötigt man nur wenige Pflanzen pro Art für den eigenen Bedarf. In der Regel wird man aber die gesamte Samentüte aussäen, zumal man nie genau weiß, wie viele Samen keimen und sich dann auch noch störungsfrei entwickeln. Bei akutem Überschuss an Jungpflanzen finden sich vielleicht Tauschpartner in der Nachbarschaft. Auch Kingergärten in der Nähe sind dankbare Abnehmer, besonders wenn sie über Beetflächen verfügen, auf denen die Kinder selber Pflanzen pflegen dürfen. Nachbarn können sich auch untereinander absprechen, dass jeder nur wenige Arten heranzieht und dann untereinander getauscht wird.

Aussaat auf der Fensterbank

Fast alle klassischen Balkonblumen haben eine lange Entwicklungszeit. Damit sie pünktlich im Sommer blühen, müssen sie bereits im Februar oder März unter Glas ausgesät werden, entweder auf der Fensterbank im Haus oder im geheizten Gewächshaus oder Wintergarten.

Behandlung der Aussaaten   Zunächst sollten Sie an allen Aussaatgefäßen Stecker oder Etiketten anbringen, damit es später nicht zu Verwechslungen kommt. Besonders wenn Sie mehrere farblich unterschiedliche Sorten einer Art ausgesät haben, weil Sie bestimmte Farbkombinationen geplant haben, wäre es ärgerlich, wenn plötzlich ganz andere Farben in einem bepflanzten Kasten auftauchen.

Wichtig ist auch das Angießen nach der Aussaat. Gröberes Saatgut wird am besten mit einem Brauseaufsatz gegossen, sehr feine Samen, die nicht oder kaum abgedeckt sind, können aber bei dieser Methode leicht aufgeschwemmt werden. Daher werden sie am besten mit einem Zerstäuber befeuchtet. Torfquelltöpfe und ähnliche durchlässige Behälter können auch einfach in eine Schale mit Wasser gestellt werden, damit sie sich vollsaugen.

Wässern und Lüften   Auch später müssen Sie die Aussaaten regelmäßig wässern. Lassen Sie die Aussaatgefäße anfangs nicht aus den Augen, um ein Gefühl für den richtigen Zeitpunkt zu bekommen. Wenn die Oberfläche leicht abgetrocknet ist, wird es Zeit für eine erneute Wassergabe. Warten Sie zu lange, sterben die Keimlinge sehr leicht ab, denn Sie haben ja noch kaum Wurzeln. Doch auch Staunässe ist der sichere Tod für die zarten Pflänzchen. Als Gießwasser verwenden Sie am besten abgestandenes zimmerwarmes Wasser. Optimal ist weiches Regenwasser, doch auch temperiertes (18 °C) Leitungswasser ist problemlos verwendbar.

Abdecken und Lüften   Mit Folien oder Scheiben abgedeckte Aussaaten werden, sobald sich die ersten Keimblätter an der Oberfläche zeigen, regelmäßig belüftet. Dazu heben Sie die Abdeckung mithilfe zwischengeklemmter Hölzchen ein wenig an.

Abhärten   Sind die Keimlinge zu kräftigen Jungpflanzen herangewachsen, werden die Abdeckungen ganz entfernt. Bevor sie ins Freie kommen, müssen sie langsam (anfangs stundenweise) an die Bedingungen im Freien (Temperaturschwankungen und intensives Licht) gewöhnt werden. Ohne Abhärtung sind Verbrennungen an den Blättern vorprogrammiert.

1.
Mit einem Brett wird die Aussaaterde in der Schale flach angedrückt. Dadurch entsteht eine ebene Oberfläche.

2.
Streuen Sie den Samen gleichmäßig auf die Oberfläche. Sehr feinen Samen mit Sand vermischen.

3.
Bedecken Sie die Samen mit einer dünnen Schicht Erde, am besten arbeiten Sie mit einem Sieb.

4.
Verwenden Sie zum Angießen unbedingt einen Brauseaufsatz, damit die feine Erde und die Samen nicht aufgeschwämmt werden.

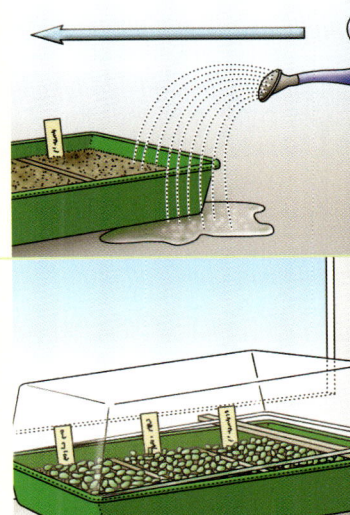

5.
Eine Abdeckung hält die Feuchtigkeit und sorgt für bessere Keimung. Stecketiketten nicht vergessen!

Manche Samen sind Lichtkeimer und dürfen nicht mit Erde bedeckt werden. Sie werden nur fest angedrückt.

Größere Samenkörner können einzeln in Torfquelltöpfe gedrückt werden.

Die richtigen Anzuchtgefäße   Neben den klassischen Töpfen und Kistchen sind zahlreiche Plattensysteme auf dem Markt, die auch dem privaten Pflanzenvermehrer die Arbeit sehr erleichtern. Besonders die Arbeit des mehrmaligen Pikierens fällt dabei weg, die Sämlinge werden nur noch einmal pikiert und kommen dann an ihren endgültigen Standort.

Anzuchtplatten sind miteinander verbundene kleine Töpfchen. Jede Pflanze kann dabei ihren eigenen Wurzelballen ausbilden. Das Wurzelwerk wird also beim Verpflanzen nicht mehr auseinandergerissen, wodurch der Umpflanzschock erheblich gemildert wird. Auch die Gefahr, dass sich Pilzerkrankungen von einer Pflanze auf die anderen übertragen, wird erheblich geringer. Befallene Pflanzen können Sie einfach entfernen, ohne dass die anderen in ihrem Wachstum gestört werden. Die meisten Anzuchtplatten sind aus vier-

eckigen Töpfchen zusammengesetzt, es gibt aber auch zapfen- und kegelförmige. Durch die geringe Ballengröße ist es wichtig, dass Sie die Pflanzen regelmäßig mit Wasser und Nährstoffen versorgen. Durchgetrocknete Ballen bedeuten in der Regel den Tod für die zarten Pflänzchen!

KOSMOS   TIPP

Die Unterteile von Eierkartons oder auch die größeren Eierpaletten eignen sich vorzüglich als Aussaatgefäße. Wenn die Sämlinge zu groß sind, schneiden Sie einfach die einzelnen Elemente auseinander, entfernen die Böden und setzen sie mitsamt den Pflanzen in größere Töpfe. Eierkartons sind eine preiswerte Alternative zu Multitopfpaletten und Paperpots.

Nach Monaten sortiert warten die Samen-
tüten auf de Aussaat im Frühjahr.

Eierkartons eignen sich gut für die Einzel-
saat größerer Samen.

Einwegtöpfe   Diese Gruppe von Anzucht-
gefäßen zeichnet sich dadurch aus, dass
sie mitsamt den Pflanzen in die endgültigen Pflanzbehältnisse kommen, also nicht
wiederverwendet werden können. Sehr ge-
bräuchlich sind die sogenannten Jiffy-Pots,
die in der Regel in zusammenhängenden
Platten angeboten werden. Sie bestehen zu
75 % aus Torf sowie aus Bindemitteln und
verschiedenen Spurenelementen für die
Pflanzenversorgung. Eine Alternative sind
Einwegtöpfe aus Recyclingmaterialien. Wichtig ist auch hier, dass Sie die Sämlinge regelmäßig und ausreichend wässern. Die Töpfe
haben ein hohes Quellvermögen und können
dadurch sehr gut Wasser speichern.
Bei den sogenannten Torfquelltöpfen handelt
es sich nicht im eigentlichen Sinne um Töpfe,
sondern um eine Art Substratballen, in den
Sie direkt aussäen bzw. pikierte Sämlinge
umpflanzen können. Um das Substrat ist ein

Kunststoffnetz gewickelt, das für die nötige
Stabilität sorgt. Vor der Verwendung müssen
die Töpfe zunächst im Wasser quellen, um
ihre endgültige Größe zu erreichen, später
werden die Pflanzen mitsamt dem Topf ver-
pflanzt.

Mini-Gewächshäuser   Eine gleichmäßige Feuchtigkeit trägt wesentlich dazu bei,
dass sich die empfindlichen Keimlinge gut
entwickeln. Bei einer Abdeckung der Anzuchtgefäße verdunstet weniger Feuchtigkeit
aus der Erde. Die Gefahr, dass die Erde zu
stark austrocknet, wird dadurch verhindert.
Außerdem müssen Sie weniger gießen. Im
Fachhandel sind verschiedene Treibkistchen
mit durchsichtiger Abdeckhaube erhältlich,
die auch auf der Fensterbank Platz finden.
Sie können die Kistchen entweder direkt mit
Erde füllen oder auch mit einzelnen Töpfchen
oder Multitopfpaletten bestücken.
Als Alternative bieten sich auch Abdeckungen Marke Eigenbau aus Folie an. Dafür stülpen Sie einfach durchsichtige Plastiktüten
über die Anzuchtgefäße, eventuell stecken
Sie noch kleine Stäbchen (zum Beispiel
Schaschlikspieße aus Holz) in die Erde, um
die Tüte auf Abstand zu den Keimlingen zu
halten. Wichtig ist aber, dass Sie die Abdeckungen nach erfolgter Keimung regelmäßig
anheben, um die Pflanzen zu belüften und
um sie allmählich abzuhärten.

Nach dem Pikieren haben die Pflänzchen wieder mehr Platz und können sich besser entfalten.

Pikieren

In der Regel 2-3 Wochen nach der Keimung ist es Zeit für das Pikieren, also Vereinzeln. Sie sehen es daran, dass sich die ersten richtigen Blätter nach den Keimblättern gebildet haben. Die Sämlinge benötigen nun mehr Platz, um ihre Wurzeln auszubilden und zu kräftigen Jungpflanzen heranzuwachsen. Mithilfe eines Pikierstäbchens oder auch eines kleinen Hölzchens heben Sie die Sämlinge vorsichtig aus der Saatkiste und setzen Sie entweder wieder in Kisten oder direkt einzeln in Töpfe. Dazu bohren Sie mit dem Pikierstäbchen Löcher, setzen die Pflanzen hinein und drücken sie sanft fest. Die Pflänzchen sollten so tief in die Erde kommen, dass die Keimblätter knapp über der Erde stehen. Auf diese Weise wird das Wurzelwachstum angeregt und die Pflanzen werden standfester und kompakter. Nach dem Pikieren wässern Sie die Pflanzen vorsichtig mit der Brause. Das Substrat, in das Sie pikieren, sollte leicht gedüngt sein, denn nun benötigen die Pflanzen auch Nährstoffe für eine weitere gute Entwicklung. Während des weiteren Wachstums geben Sie etwa alle 14 Tage etwas Dünger in das Gießwasser, verwenden Sie aber zunächst nur ein Viertel der auf der Packung angegebenen Menge. Sind die Pflanzen größer, steigern Sie auch die Düngermenge. Niemals sollte der kleine Wurzelballen austrocknen.

Keim- und Kulturtemperaturen   Die meisten Samen von Sommerblumen und Gemüsepflanzen benötigen Temperaturen von mindestens 15 °C, damit die Keimung induziert wird. Insofern eignen sich Standorte im Wohnbereich sehr gut für eine Aussaat. Auch in Frühbeetkästen sind ab Mitte April genügend hohe Temperaturen garantiert, und im warmen Kasten lässt die Verrottung der organischen Unterlage die Temperaturen schon zeitig steigen.

KOSMOS

TIPP

Tipp: Lassen Sie beim Umpflanzen Ruhe und Vorsicht walten, damit die Hauptwurzeln nicht beschädigt werden. Von solch einer Verletzung kann sich ein zarter Sämling nicht mehr erholen. Wässern Sie die Pflänzchen nach dem Pikieren gut an und schützen Sie sie vor Sonne und Zugluft, damit sie den Umpflanzschock gut überstehen.

Warum pikieren? Sämlinge wachsen je nach Art mehr oder weniger schnell. Schon bald beengen sie sich gegenseitig und wachsen zu schnell in die Höhe, um das notwendige Licht zu erhalten. Der eigentliche Sinn des Pikierens liegt darin, den Pflanzen mehr Abstand zueinander und den oberirdischen Pflanzenteilen mehr Platz für Ihre Ausbreitung zu geben. Die Pflanzen wachsen dann gedrungener und kräftiger. Zudem verzweigt sich das Wurzelsystem stärker. Je mehr Wurzeln die Pflanze bildet, desto mehr Wasser und Nährstoffe kann sie aufnehmen und desto besser wächst sie dann auch.

Ausgespülte Joghurtbecher eignen sich hervorragend zum Pikieren.

1.

Ziehen Sie die Sämlinge in kleinen Büscheln aus der Erde. Lockern Sie die Erde dazu mit dem Pikierstab.

2.

Trennen Sie vorsichtig die einzelnen Sämlinge aus dem Geflecht heraus. Achten Sie darauf, dass möglichst wenig Wurzeln beschädigt werden.

3.

Bohren Sie mit dem Pikierstab Pflanzlöcher in die vorbereitete Topfpalette, setzen Sie die Pflänzchen ein und drücken sie vorsichtig mit den Fingern fest.

4.

Nach zügigem Wachstum werden die Jungpflanzen ein weiteres Mal in Einzeltöpfe pikiert.

5.

Zunächst werden die Pflanzen noch abgedeckt, bei zunehmendem Wachstum können sie allmählich abgehärtet werden.

Standort für die Aussaat

Am besten entwickeln sich Sämlinge an einem hellen, aber nicht direkt sonnigen Standort. Südfenster sind also nur bedingt geeignet, eventuell müssen Sie dort für eine Schattierung während der Mittagsstunden sorgen. Alle anderen Himmelsrichtungen sind uneingeschränkt geeignet. Achten Sie aber darauf, dass die Aussaatgefäße immer möglichst dicht am Fenster stehen. Standorte im Innern des Zimmers sind nur geeignet, wenn Sie zusätzlich spezielle Pflanzenleuchten darüber installieren, die für das nötige Licht sorgen.

Je größer die Pflänzchen werden, desto robuster sind sie. Spätestens im April werden die Abdeckungen ganz abgenommen. Für weiteres Wachstum ist eine leichte Düngung mit Depotdünger sinnvoll. Kräftige Pflänzchen können auch schon ins Frühbeet, das nur nachts abgedeckt wird, oder auch an einen geschützten, nicht so sonnigen Platz auf dem Balkon.

Stecklinge

Stecklinge werden entweder einzeln in Töpfe oder zu mehreren in Kisten gesteckt. Dabei können Sie ruhig sehr dicht stecken. Achten Sie immer darauf, dass geschnittenes Stecklingsmaterial nicht länger liegen bleibt, bevor Sie es weiterverarbeiten. Falls von der Ernte bis zum Stecken längere Zeit vergeht, stellen Sie die Stecklinge am besten so lange in ein Gefäß mit Wasser. Als Substrat verwenden Sie spezielle Vermehrungserde, die Sie im Fachhandel erhalten. Sie sollte stets feucht, aber nicht nass gehalten werden.

Bohren Sie mit einem Hölzchen Löcher und stecken Sie die Stecklinge vorsichtig hinein. Anschließend drücken Sie sie leicht fest und gießen sie an. Eine rasche Bewurzelung können Sie dadurch fördern, dass Sie die Gefäße mit Glas oder Folie abdecken, um die Luftfeuchtigkeit zu erhöhen. Über kleine Töpfe können Sie zum Beispiel Einmachgläser

Feuchtes Moos eignet sich auch als Substrat zur Bewurzelung von Stecklingen.

stülpen, doch auch durchsichtige Gefrier-
beutel sind hierfür geeignet. Nachdem die
Stecklinge die ersten Wurzeln gebildet haben,
werden die Abdeckungen täglich für eine
Weile entfernt, um für eine gute Belüftung zu
sorgen und die Pflanzen langsam abzuhärten.

Dass sich Wurzeln gebildet haben, erkennen
Sie daran, dass sich neue Blätter bilden.
Zum Schluss nehmen Sie die Abdeckungen
ganz ab. Der Wasserbedarf erhöht sich jetzt
allerdings stark, weil die Verdunstung höher
ist und weil die Pflanzen mit ihren gebildeten

1.

**Weiche Triebsteck-
linge, z. B. bei Bego-
nien:** Schneiden Sie
mit einem scharfen
Messer eine kräftige
Triebspitze ab.

1.

**Verholzte Triebe,
z. B. von Efeu:** Schnei-
den Sie einen leicht
verholzten Trieb und
zerteilen Sie ihn in
mehrere Teilstücke
mit jeweils mindestens
einem Blatt.

2.

Entfernen Sie alle
unteren Blätter, lassen
Sie nur am oberen
Ende zwei bis drei
stehen.

2.

Stecken Sie die Stücke
mit der Unterseite in
Töpfe mit Aussaaterde
oder einem Erde-Sand-
Gemisch.

3.

Spannen Sie Klarsicht-
folie über ein mit Was-
ser gefülltes Glasgefäß.
Stechen Sie Löcher
hinein und stecken Sie
die Stecklinge hinein,
sodass sie Wasserkon-
takt haben.

3.

Durch eine Abdeckung
lässt sich die Luft-
feuchtigkeit erhöhen,
sodass die Stecklinge
besser bewurzeln.

4.

Nach einiger Zeit bil-
den sich Wurzeln an
der Schnittstelle.

4.

Nach erfolgter Bewur-
zelung wachsen die
Stecklinge und können
nach einiger Zeit ein-
zeln in Töpfe gepflanzt
werden.

Wurzeln mehr Wasser aufnehmen müssen. Der Zeitraum, den Pflanzen bis zur Bewurzelung benötigen, ist recht unterschiedlich. Krautige Stecklinge bewurzeln in der Regel nach 3-4 Wochen, reife Stecklinge benötigen meist mehr Zeit, bei einigen Gehölzen kann es bis zu einem halben Jahr dauern, bis sich die ersten Wurzeln bilden. Wenn die Pflanzen gut bewurzelt sind, wird es Zeit, sie in einzelne bzw. größere Töpfe umzupflanzen. Auch für regelmäßige leichte Düngergaben sind sie dankbar.

Stecklinge im Wasserglas bewurzeln   Bei einigen Pflanzen kann man die Stecklinge einfach in ein Wasserglas stellen. Bekannte Beispiele für die Bewurzelung der Stecklinge im Wasserglas ist der Efeu oder die Dreimasterbluem. Man benutzt dafür etwa 10 cm lange Stecklinge. Das Glas mit den Stecklingen stellt man an einen hellen Standort mit Wohnungstemperatur. Sobald die Stecklinge 2 bis 3 cm lange Wurzeln gebildet haben, pflanzt man jeweils einige Stecklinge in ein kleines Pflanzgefäß mit dem für ausgewachsene Pflanzen empfohlenen Substrat.

Zeitpunkt   Stecklinge werden im Frühling oder im Spätsommer geschnitten. Im Bereich der Balkonblumen ist es sinnvoll, die Stecklinge Anfang August abzunehmen, damit sie bis Ende September zu kräftigen Jungpflanzen herangewachsen sind, die sich überwintern lassen. Auf diese Weise müssen nicht die Mutterpflanzen überwintern, die zu viel Platz wegnehmen. Im Spätsommer sind auch immer genügend ausgereifte Stecklinge vorhanden, während die frischen Triebe im Frühling noch sehr weich sind.

Schneidwerkzeug muss immer sauber sein und vor Gebrauch desinfiziert werden.

Reife und halb reife Stecklinge

Wichtig ist, dass die halb reifen Stecklinge weder zu weich noch zu hart sind. Zu weiche Stecklinge faulen leicht, bevor sie überhaupt Wurzeln gebildet haben, zu harte Stecklinge bewurzeln sich ebenso schlecht. Als Faustregel gilt: Die Stecklinge sollten sich zwar leicht mit einem scharfen Messer von der Mutterpflanze trennen lassen, aber Sie sollten doch einen deutlichen Widerstand beim Schneiden spüren.
Achten Sie beim Schneiden immer auf scharfes Schneidewerkzeug, sonst kommt es zu Quet-schungen an der Schnittstelle, an der dann Schadorganismen eindringen und eine Bewurzelung verhindern. Die ideale Stecklingslänge beträgt 5–10 cm, wobei immer 4–5 Blattansätze vorhanden sein sollten. Schneiden Sie die Stecklinge einige Millimeter unter einem Blattknoten ab und entfernen Sie das unterste Blatt(paar). In dem Bereich knapp um den Blattknoten herum wird die Wurzelbildung am stärksten angeregt. Die Stecklinge werden so tief in die Erde gesetzt, dass die Knoten unter der Erde liegen.

Überwinterung

Viele klassische Balkonpflanzen wie Geranien, Lobelien oder Petunien sind in ihrer Heimat zwar Stauden, werden bei uns aber wie Einjährige behandelt. Lediglich Gärtner und Züchter halten sich die erforderliche Anzahl an Mutterpflanzen für die Vermehrung.

Etliche Arten wachsen allerdings im Laufe der Jahre zu imposanten Kübelpflanzen heran, sodass sich auch eine Überwinterung lohnt. Natürlich können Sie auch jedes Jahr neue Pflanzen kaufen, doch bei größeren Exemplaren geht das gewaltig ins Geld. Manche Sorten sind auch schwer zu bekommen, sodass die eigenen Pflanzen wie Augäpfel gehütet werden.

Standort

Die meisten Balkon- und Kübelpflanzen benötigen einen kühlen, aber hellen Standort für die Überwinterung. Ideal ist der Wintergarten, das kühle Treppenhaus oder ein Gewächshaus, das sich bei Bedarf heizen lässt. Generell gilt: Je wärmer der Überwinterungsstandort ist, desto heller muss er auch sein. Einige Arten wie Fuchsien können auch dunkel überwintert werden. Dann sollte die Temperatur aber 6–8 °C nicht überschreiten. Die Pflanzen verlieren bei diesen Bedingungen ihr Laub und treiben erst im Frühling aus, wenn sie wieder heller und wärmer aufgestellt werden.

Rechtzeitig einräumen   Kündigen sich die ersten Nachtfröste im Herbst an, ist es Zeit, an die Überwinterung der kälteempfindlichen Kübelpflanzen zu denken. Meist beginnen die kalten Nächte Ende September bis Anfang Oktober und spätestens dann sollte der Hobbygärtner die Pflanzen ins frostgeschützte Haus bringen. Palmen und Zierbananen kommen zuerst ins Warme. Anschließend folgen Pflanzen wie Zitrusbäumchen, Schönmalven, Engelstrompeten und Wandelröschen. Zum Schluss Kübelpflanzen wie Oleander, Rosmarin, Olive und Ähnliche, die kältere Temperaturen vertragen können. Vorher empfiehlt es sich, alte, dürre Triebe und verwelkte Blüten zu entfernen. Um sich die Arbeit etwas zu erleichtern, kann man mithilfe einer Sackkarre die Töpfe aufladen und bequem ins Haus fahren. Hilfreich ist es, wenn man vorher die sperrigen Pflanzen mit einem Band zusammenbindet und dornige Pflanzen evtl. mit einem Tuch oder Jute sicher umwickelt.
Der Wasserbedarf im Überwinterungsstandort ist gering. Die Erde sollte lediglich nicht völlig austrocknen. Aber hier gilt: Je heller und wärmer der Standort ist, desto häufiger müssen Sie auch gießen.

Mit Schilfmatten, Kokos oder Vlies sind winterharte Kübelpflanzen vor Frost geschützt.

Kübelpflanzen richtig überwintern

Name	Standort im Sommer	Überwinterung
Schönmalve (Abutilon × hybridum)	sonnig	hell, bei 10 °C
Schmucklilie (Agapanthus-Hybride)	sonnig	hell, bei mindestens 3 °C
Strauchmargerite (Argyranthemum frutescens)	sonnig	hell, bei mindestens 3 °C
Aukube (Aucuba japonica)	halbschattig	hell, bei mindestens 3 °C
Bougainvillee (Bougainvillea glabra)	sonnig	hell, bei 3 bis 10 °C
Engelstrompete (Brugmansia suaveolens)	sonnig	hell, bei 5 bis 7 °C
Zylinderputzer (Callistemon citrinus)	sonnig	hell, bei mindestens 5 °C
Zitrone (Citrus limon)	sonnig bis halbschattig	hell, bei mindestens 5 bis 7 °C
Zierbanane (Ensete ventricosum)	sonnig	hell, bei 5 bis 7 °C
Korallenstrauch (Erythrina crista-galli)	sonnig	hell oder dunkel, bei 5 °C
Echter Feigenbaum (Ficus carica)	sonnig	dunkel, bei 0 bis 10 °C
Wandelröschen (Lantana camara)	sonnig	hell, 5 bis 10 °C
Echter Lorbeer (Laurus nobilis)	sonnig	hell, bei mindestens 3 °C
Schopf-Lavendel (Lavandula stoechas)	sonnig	frostfrei
Enzianstrauch (Lycianthes rantonnetii)	sonnig	hell, mindestens 5 bis 7 °C
Oleander (Nerium oleander)	sonnig	hell, bei 5 bis 10 °C, gut belüften
Olivenbaum (Olea europaea)	sonnig	hell, bei 10 °C
Bleiwurz (Plumbago auriculata)	sonnig	hell, bei mindestens 3 °C
Granatapfel (Punica granatum)	sonnig	bei mindestens 5 bis 10 °C
Gewürzrinde (Senna corymbosa var. corymbosa)	sonnig	hell, bei 5 bis 10 °C
Hanfpalme (Trachycarpus fortunei)	sonnig bis halbschattig	hell, frostfrei

Erklärung der Symbole im Porträtteil

 Blütenfarbe

geringer Wasserbedarf	sonniger Standort
normaler Wasserbedarf	halbschattiger Standort
hoher Wasserbedarf	schattiger Standort

$\frac{V}{VI}$ Erntezeit in Monaten   ↑ 50-100 Wuchshöhe in cm

Pflanzen von A–Z

Was wäre ein Balkon oder eine Terrasse ohne die passenden Pflanzen? Die Auswahl in Gärtnereien, Gartencentern und auf dem Blumenmarkt ist riesig, jedes Jahr kommen neue Arten und Sorten dazu. Wir haben für Sie bewährte Klassiker, aber auch viele Novitäten ausgewählt.

Strahlen-Anemone
Anemone blanda

Aussehen Knollenblume, die schnell größere Kolonien bildet. Laub dunkelgrün, fingerartig gefiedert.
Flache Strahlenblüten mit gelben Staubgefäßen.
Ansprüche Trockener bis frischer, humoser Boden, sonnig bis lichtschattig. Ideal unter dem lichten Dach sommergrüner Gehölze, die zur Blütezeit genügend Licht an die Pflanzen lassen. Die Knollen werden im Herbst etwa 5 cm tief gepflanzt. Für gelegentliche Humusgaben dankbar, in rauen Gegenden ist auch eine Laubschüttung als Winterschutz sinnvoll. In größeren Gruppen unter Gehölzen. Bei ungestörtem Stand bilden sich rasch größere Kolonien.

Gänsekresse, Schaumkresse
Arabis caucasica

Aussehen Immergrüne kleine, anspruchslose Polsterstaude. Die Blüten sind klein, haben vier Blütenblätter und erscheinen in großer Zahl. Sie sind eine gute Bienenweide.
Ansprüche Durchlässiger Boden, kommt gut mit Trockenheit und Hitze zurecht. Nach der Blüte Verwelktes entfernen und zurückschneiden, um kompakte Form zu erhalten. Lässt sich besonders gut als Dauerpflanzung in Trögen verwenden. Auf guten Wasserabzug achten, empfindlich gegen Staunässe, besonders im Winter.
Sorten und verwandte Arten ‘Schneehaube’, weiß gefüllt blühend; *Arabis arendsii* ‘Rosabella’, kräftig rosa.

Blaukissen
Aubrieta

Aussehen Immergrüne kleine, anspruchslose Polsterstaude. Die Blüten sind klein, haben vier Blütenblätter und erscheinen in großer Zahl. Sie sind eine gute Bienenweide. Laub graugrün.
Ansprüche Durchlässiger Boden, kommt gut mit Trockenheit und Hitze zurecht. Nach der Blüte Verwelktes entfernen und zurückschneiden, um kompakte Form zu erhalten. Lässt sich besonders gut als Dauerpflanzung in Trögen verwenden.
Sorten ‘Bessingham Red’, dunkelrot; ‘Hamburger Stadtpark’, violettblau; ‘Dr. Mules Variegated’, leuchtend violett, weiß-buntes panaschiertes Laub; ‘Cascade Blau’, hellblau.

Felsen-Steinkraut
Aurinia (syn. *Alyssum*) *saxatile*

Maßliebchen, Tausendschön
Bellis perennis

Frühlings-Krokus
Crocus vernus und *C.*-Hybriden

Aussehen Kissenförmige Polsterstaude mit goldgelben, kuppelförmigen Blütendolden. Laub hell graugrün.
Ansprüche Lebt durchlässigen, kalkhaltigen Boden. Sparsam düngen, nach der Blüte etwas zurückschneiden, um eine kompakten Wuchs zu fördern. Lässt sich besonders gut als Dauerpflanzung in Trögen verwenden, dabei auf guten Wasserabzug achten. Einer der wenigen, bei uns absolut winterharten mediterranen Kleinsträucher, fühlt sich an heißen und trockenen Stellen am wohlsten.
Sorten und weitere Art: 'Goldkugel', goldgelb, starkwüchsig, aber kompakt, 30 cm; *A. montanum* 'Luna', schwefelgelb, früher blühend.

Aussehen Flach wachsend bis teppichartig, 10–20 cm breit, Blüten einfachgefüllt, Laub sattgrün.
Ansprüche Schwach saurer bis schwach alkalischer frischer und durchlässiger Boden.
Regelmäßig gießen. Für Frühlingsbepflanzung in Kästen, schöne Blüten, zweijährig, teils auch mehrjährig. Pflegeleicht, für Einsteiger.
Sorten 'Habanera', 12 cm, große, dicht gefüllte Blüten mit feinen, gestrahlten Blütenblättern auf kurzen Stielen; 'Roggli', 15 cm, großblumige Serie mit dicht geröhrten, gut gefüllte Blüten, kompakte Pflanzen; 'Robella', 15 cm, sehr attraktives Lachsrosa, großblumig

Aussehen Grasartiges Laub mit weißem Mittelstreifen, bildet mit der Zeit kleine Trupps, vermehrt sich aber langsam. Blüte trichterförmig mit rundlichen Kronblättern.
Ansprüche Geringer Nährstoffbedarf; pflegeleicht. Pflanztiefe 7–15 cm, Pflanzabstand 10–15 cm. Für frischen, aber durchlässigen Boden. Verträgt keine Staunässe. Zwiebeln werden im Herbst in kleinen Gruppen gepflanzt. Dankbar für gelegentliche leichte Düngergaben. Besonders gut geeignet für die Bepflanzung von Töpfen und Schalen, in Kombination mit Tulpen und Narzissen.
Sorten 'Flower Record', kräftig lila.

Goldlack, Schöterich
Erysimum cheiri (syn. *Cheiranthus*)

IV / VI

Aussehen Niedrig wachsender Halbstrauch, der mit herrlich duftenden Blütenständen übersät ist. Bienen- und Schmetterlingspflanze. Laub dunkelgrün, lanzettlich.
Ansprüche Boden neutral oder kalkhaltig und ohne Staunässe, am besten mäßig trocken. Nicht düngen, bevorzugt mäßig nährstoffarmes Substrat. Benötigt einen geschützten Platz, in rauen Gebieten mit Winterschutz. In milder Lage mehrjährig, aber meist nur kurzlebig.
Sorten 'Citrona', schmaler und hoher Wuchs; 'Charity', kompakt, nur 20 cm hoch in den Farben cremeweiß, altrosa, rotbraun und gelb; 'Aida', kompakt wachsend.

Kaiserkrone
Fritillaria imperialis

↑ 60-100   III / IV

Aussehen Aus der Zwiebel wächst ein kräftiger, hoher Stängel, der von frisch grünen lanzettlichen Blättern umgeben ist. Über dem Blütenkranz erhebt sich ein zusätzlicher Blätterquirl. Blüte glockig, zu mehreren als Quirl am Stängelende.
Ansprüche Nahrhafter, aber lockerer und durchlässiger Boden ohne Staunässe. Bevorzugt sonnigen, warmen Stand. Die Zwiebeln werden im Herbst 30 cm tief in die Erde gesetzt. Stängel nach der Blüte bis zu den Blättern zurückschneiden, um einen Kraft raubenden Samenansatz zu verhindern.
Sorten 'Lutea', gelb blühend; 'Rubra Maxima', rot.

Schneeglöckchen
Galanthus

↑ 10-15   II / III

Aussehen Ein kurzer, aufrechter Stängel pro Zwiebel. Grasartiges, frischgrünes, grundständiges Laub. Bildet durch Brutzwiebeln und Selbstaussaat rasch kleine Kolonien. Blüte glockig, hängend, weiß mit grüner Zeichnung an den Spitzen.
Ansprüche Die Zwiebeln werden im Herbst 5 cm tief in Gruppen gepflanzt. Fühlt sich an kühlen Standorten am wohlsten
Sorten und Arten 'Atkinsii', sehr schlanke Blüten, bis 20 cm; 'Flore Pleno', gefüllt blühend; 'Straffan', etwas später blühend als die Art; *G. caucasicus,* sehr kleinwüchsig, blüht bereits im Januar.

Nieswurz, Christrose
Helleborus-Orientalis-Hybriden

Hyazinthe
Hyacinthus-Hybriden

Aussehen Blüten einfach, schalenförmig, mit einem Durchmesser von ca. 5–6 cm. Oft sind die Blüten gesprenkelt, punktiert oder gestreift. Die Blütenstände sind verzweigt und locker in kleinen Sträußen über dem Laub. Auch nach der Blüte haften die dekorativen Blütenblätter an den Stängeln. Blätter immergrün, dunkelgrün, ledrig, robust, gesägter Rand.

Ansprüche Der Boden sollte kalkhaltig, durchlässig und gut durchlüftet sein. In der ersten Jahreshälfte, während der Wachstumsphase, brauchen die Christrosen viel Wasser.

Weitere Art *H. niger,* weiß, ab Dezember blühend.

Aussehen Aus der Zwiebel entwickelt sich ein kräftiger Stängel und mehrere steif aufrecht stehende, linealische Blätter. Breitet sich durch Brutzwiebeln sehr langsam aus. Blüte sternförmig, in dichten endständigen Trauben, stark duftend.

Ansprüche Die Zwiebeln werden im Herbst 15 cm tief gepflanzt, am besten in kleinen Gruppen. Eine dünne Laubschüttung im Winter ist in rauen Gebieten von Vorteil.

Verwendung In gemischten Frühlingspflanzungen mit Stiefmütterchen, Gänseblümchen oder Vergissmeinnicht.

Sorten 'Amethyst', mittelviolett; 'Bismarck', hellblau; 'Carnegie', weiß; 'City of Haarlem', hellgelb; 'Gipsy Queen', lachsorange; 'Jan Bos', karminrot; 'Ostara', dunkelblau; 'Woodstock', purpurlila, 'Fondant', rein perlmuttrosa, 'Splendid Cornelia', hell lilarosa, 'Pink Pearl', dunkelrosa, 'Delfts Blau', porzellanblau, 'Blue Jacket', dunkelblau.

Schleifenblume
Iberis sempervirens

     10-30 $\frac{III}{V}$

Netz-Iris
Iris reticulata

       10-20 $\frac{III}{IV}$

Traubenhyazinthe
Muscari armeniacum

    15-20 $\frac{IV}{V}$

Aussehen Polster- bis kuppelförmig wachsender Halbstrauch mit endständigen dichten Doldentrauben. Laub dunkelgrün, lanzettlich, immergrün.
Ansprüche Sonne und Wärme liebend, die ideale Staude für den Steingarten, Tröge und Kübel Ein Rückschnitt nach der Blüte schützt vor zu starkem Verkahlen der Pflanze. Man sollte die Iberis nicht überdüngen, weil dadurch ihre Winterhärte leidet. Im Halbschatten wüchsig, aber weniger Blüten.
Sorten 'Appen Etz', kompakt wachsend; 'Findel', großblumig, grob im Aufbau; 'Fischbeck', besonders reichblütig; 'Schneeflocke', bewährte kompakte Sorte.

Aussehen Ein einzelner kurzer Stängel je Zwiebel, Laub grasartig, frisch grün Violettblaue Irisblüten mit gelber Zeichnung auf den Hängeblättern.
Ansprüche Die Zwiebeln werden im Herbst 5 cm tief in kleinen Gruppen gepflanzt. In strengen Wintern ist eine Abdeckung mit Reisig sinnvoll. In Töpfen und Schalen kommt diese Miniatur-Iris gut zur Geltung. Am besten wirkt sie in kleinen Gruppen von 5 bis 10 Exemplaren, auch zusammen mit *Iris danfordiae*. Günstige Partner sind niedrige Polsterstauden, aber auch Walzen-Wolfsmilch, deren immergrünes, graues und fleischiges Laub einen interessanten Kontrast bildet.

Aussehen Aus jeder Zwiebel entwickelt sich ein einzelner Stängel und schmal linealisches, grasgrünes Laub. Das Laub treibt bereits im Herbst aus, der Blütenstängel folgt erst im folgenden Frühjahr. Kleine azurblaue, kugelige Glockenblüten in dichten, endständigen Trauben, duftend. Durch Brutzwiebelbildung entstehen schnell große Horste.
Ansprüche Die Zwiebeln werden im Herbst etwa 5–8 cm tief in Gruppen gepflanzt. Sehr schön in Kombination mit Primeln und Polsterstauden wie Gänsekresse und Blaukissen.
Sorten 'Blue Spike', blaue, gefüllte Blüten.

Vergissmeinnicht
Myosotis sylvatica

Aussehen Zahlreiche kleine Blüten in dichten Doldentrauben. Reich verzweigt, mit ihren länglich-lanzettförmigen, behaarten Blättern.

Ansprüche Das Vergissmeinnicht bevorzugt mittelschweren, lehmigen Boden, bei Trockenheit ausreichend wässern. Kann bereits im Herbst gepflanzt werden, sollte dann bei starken Frösten abgedeckt werden. Regelmäßiges Entfernen verblühter Blütenstände verlängert die Blütezeit.

Sorten 'Blaue Kugel', 15 cm hoch, kugeliger Wuchs; 'Blauer Korb', 25 cm hoch, aufrecht wachsend; 'Indigo', 25 cm hoch, indigoblau; 'Schnittwunder', 30 cm hoch, tiefblau, robuster Wuchs.

Osterglocke, Narzisse
Narcissus

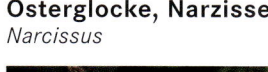

Aussehen Pro Zwiebel ein Stängel mit meist einer Blüte, durch Brutzwiebelbildung Horste bildend.

Ansprüche Jeder normale gartenboden, frisch bis somemrtrocken, die Zwiebeln werden im Herbst 15–20 cm tief gepflanzt.

Sorten Durch jahrhundertelange Züchtung stehen uns heute Narzissen in sämtlichen Weiß-, Gelb- und Orangetönen zur Verfügung, sogar Rosatöne sind inzwischen im Sortiment. Neben den klassischen Trompeten-Narzissen gibt es Sorten mit breiter, schmaler, gefüllter und geschlitzter Krone. Die Blüten duften immer, je nach Sorte unterschiedlich intensiv.

Kreuzkraut, Aschenblume
Pericallis-Hybriden

Aussehen Strahlenblüten mit meist weißem Auge, Sommerastern ähnlich sehend. Dunkelgrüne, gezähnte Blätter.

Ansprüche Bekannt wurde das Kreuzkraut als Zimmerpflanze, es eignet sich aber auch für den Balkonkasten. Es benötigt einen geschützten Standort ohne direkte Sonnenbestrahlung. Regelmäßig düngen und gießen. Die Pflanzen vertragen einige Minustemperaturen. Ausknipsen des Haupttriebes sorgt für einen buschigen Wuchs. Verblühtes regelmäßig abschneiden, um die Blütezeit zu verlängern.

Sorten 'Senetti-Serie' reichblütige. kräftige Pflanzen in leuchtenden Farbtönen.

Frühlings-Primel, Kissen-Primel
Primula vulgaris

Aussehen Tellerförmige Blüten mit gebuchteten Rändern, einzeln oder in kleinen Gruppen auf kurzen Stängeln. Große runzelige Blätter, in einer grundständigen Rosette.
Ansprüche Die Pflanzen benötigen einen kühlen Platz. Für ausreichend Feuchtigkeit sollte gesorgt werden, denn auf einen trockenen Wurzelballen reagieren sie empfindlich. Trotzdem Staunässe unbedingt vermeiden! Abgeblühtes regelmäßig entfernen, dies garantiert eine lange Blütezeit. Ein Vergilben der Blätter ist auf zu viel Wärme, Staunässe, zu niedrige Bodentemperaturen oder zwischenzeitliches Austrocknen des Ballens zurückzuführen.

Ranunkel
Ranunculus asiaticus

Aussehen Kräftiger, behaarter Stängel mit endständiger Blüte, Laub gefiedert. Blüten kugelig, dicht gefüllt.
Ansprüche Nahrhafter, durchlässiger Boden, Standort immer warm und geschützt.
Die Knollen werden ab Ende März etwa 5 cm tief gepflanzt, wobei die „Krallen" nach unten zeigen müssen. Vorher einige Stunden wässern, sie wachsen sonst nicht gut an. Nach der Pflanzung etwas Winterschutz geben, zum Beispiel durch eine Schicht Tannenreisig. Regelmäßig gründlich gießen, die gleichmäßige Bodenfeuchte ist wichtig für gutes Wachstum.

Blausternchen
Scilla siberica

Aussehen Aus der Zwiebel entwickeln sich 3–5 linealische Blätter und bis zu 3 Blütenstängel. Blüte leuchtend blau, sternförmig, nickend, zu 2–4 am Stängel sitzend.
Ansprüche Die Zwiebeln werden im Herbst in Gruppen etwa 10 cm tief gepflanzt. Sie vermehren sich mit der Zeit durch Aussaat und Brutzwiebelbildung zu größeren Teppichen. Insgesamt unkomplizierte Zwiebelblume, die sich gut mit allen Frühlingsblühern kombinieren lässt.
Sorten und Hybriden 'Alba', reinweiße Form, 10 cm; 'Spring Beauty', blau blühend, in allen Teilen größer; setzt keinen Samen an.

Tulpe
Tulipa

Aussehen Aus einer Zwiebel wachsen normalerweise 3–5 breit linealische Blätter und ein Stängel mit einer endständigen Blüte. Einige Sorten bilden aber auch mehrere Blütenstängel aus. Blüte becherförmig, aufrecht stehend, ungefüllte Sorten haben 6 Blütenblätter.
Ansprüche Die Zwiebeln werden im Herbst 10–15 cm tief gepflanzt. Eine leichte Düngung mit reifem Kompost oder Volldünger regt die Blühfreudigkeit an. Tulpen sind vielfältig einsetzbar Sie können mit anderen Zwiebelblumen vergesellschaftet werden, auch in Töpfen und Kübeln lassen sich interessante Pflanzungen verwirklichen.

Hornveilchen
Viola cornuta

Aussehen Kompakt buschig, horstbildend. Veilchenblüten in fast allen Farben, oft mehrfarbig. Laub glänzend mittel- bis dunkelgrün. Im ganzen Habitus kleiner und zierlicher als Stiefmütterchen.
Ansprüche Bei Pflanzung bereits im Herbst während der Frostperioden abdecken. Regelmäßig gießen und düngen, ansonsten pflegeleicht und zuverlässig blühend.
Sorten 'Angel Picasso Mixed', stark gezeichnet; 'Bowles Black', fast schwarz mit kleinem gelben Auge; 'Sparkler Purple Orange Face', Blüten mit orangefarbener Mitte; 'Angel Tiger Eye', gelb mit schwarzer Strichzeichnung; 'Valentine', pastell mit schwarzem Auge.

Stiefmütterchen
Viola × wittrockianna

Aussehen Kompakt buschig, horstbildend. Auffällige Veilchenblüten in fast allen Farben, oft mehrfarbig.
Laub glänzend mittel- bis dunkelgrün
Ansprüche Bei Pflanzung bereits im Herbst während der Frostperioden abdecken. Regelmäßig gießen und düngen, ansonsten pflegeleicht und zuverlässig blühend.
Sorten 'Cats-Serie', mit ausgeprägter Blütenzeichnung, in vielen Farben; 'Schweizer Riesen', großblütig, in zahlreichen Farben; 'Delta-Serie', kompakte Pflanzen, großes Farbspektrum; 'Frizzle-Sizzle-Serie', Blüten mit stark gewellten Blütenrändern.

Leberbalsam
Ageratum houstonianum

Amaranth, Fuchsschwanz
Amaranthus caudatus

Angelonie
Angelonia gardneri

Aussehen Kompakt buschig, dicht verzweigt; Laub mittelgrün, rau. Blüten in flachen Doldentrauben. Die knopfartigen Blütenknospen entwickeln sich zu lockeren Pompons mit fransigen Blütenblättern. Um die Blütezeit zu verlängern, regelmäßig verblühte Dolden entfernen.
Ansprüche Nährstoffbedarf ausgeglichen bis hoch. Insgesamt pflegeleicht, verträgt keine Staunässe. Für Unter- und Zwischenpflanzungen, die höheren Sorten sind auch schöne Schnittblumen.
Sorten 'Blaue Donau', mittelblau, 20 cm; 'Royal Hawaii', Purpurviolett, 15 cm; 'Weißer Schnitt', weiß, 50 cm.

Aussehen Der Amarant ist eine exotisch aussehende einjährige bzw. kurzlebige Staude mit langen Blütenrispen. Der deutsche Name ist wohl offensichtlich auf die sehr attraktiven Blütenrispen der roten Arten/Sorten zurückzuführen.
Ansprüche Während Trockenperioden gut wässern, Jungpflanzen etwas zurückschneiden, vor Spätfrösten schützen. Nicht winterhart und kurzlebig. Der Amarant dient auch als Nutzpflanze und war besonders bei den amerikanischen Ureinwohnern als Nahrungsmittel sehr geschätzt. In unseren Breitengraden wird er vor allem als einjährige Zierpflanze kultiviert.

Aussehen Viele kleine bezaubernde Blüten reihen sich an den aufrecht wachsenden Blütenrispen. Die Blüten reinigen sich selbst. Blätter dunkelgrün, glänzend, lanzettlich.
Ansprüche Bevorzugt einen sonnig-halbschattigen Standort. Substrat normal feucht halten. Beim Pflanzen Langzeitdünger in die Erde einbringen und bei Bedarf flüssig nachdüngen. Verblühtes regelmäßig entfernen, dann nutzt die Pflanze all ihre Kraft für die Entwicklung neuer Blüten. Optimal zum Bepflanzen von Schalen, Gefäßen und Balkonkästen.
Sorten 'Adessa Blue Bicolor', violettblau mit auffallendem weißem Auge.

Löwenmäulchen
Antirrhinum majus

20-50 | VII X

Aussehen Buschig bis mehrtriebig aufrecht, Laub stumpf dunkelgrün. In aufrechten Trauben angeordnete typische Löwenmäulchen-Blüten.
Ansprüche Nährstoffbedarf mittel bis hoch; ansonsten pflegeleicht. Hohe Stickstoff-Düngung vermeiden. Verblühtes regelmäßig abschneiden. Auskneifen der Hauptknospen fördert reiche Verzweigung. Leitpflanze in Misch- und Kastenpflanzungen, Schnittblume, lockt Bienen und Schmetterlinge an.
Sorten 'Floral Carpet Mix', kompakter Wuchs, 20 cm; 'Floral Showers Mix', lockere Blütenstände, 20 cm; 'Serenade', azaleenblütig, 50 cm.

Strauchmargerite
Argyranthemum frutescens

30-80 | V X

Aussehen Aufrecht buschig–halbrund, auch als Hochstämmchen. Blüte strahlenförmig, typische Margeritenblüte, auch gefüllt blühende Sorten erhältlich. Laub tiefgrün–silbriggrün
Ansprüche Hoher Nährstoffbedarf, regelmäßig düngen. Regelmäßig verwelkte Blüten entfernen; Überwinterung bei mindestens 3 °C an einem hellen Standort. Insgesamt pflegeleicht.
Sorten 'Courtyard Citronelle', zitronengelbe Blüten. Kompakt und dicht verzweigt; 'Polly', reinweiß, ungefüllt, früh und lange blühend; 'Ping-Pong', anemonenblütig, weiß mit gelber Mitte; 'Meteor Red', burgunderrot mit großem gelben Auge.

Dukatenblume
Asteriscus maritimus

15-30 | V X

Andere Namen Goldtaler, Goldaster
Aussehen Kompakt buschig; Blüte goldgelb; Strahlenblüten mit dunklerer Mitte; Laub mittelgrün.
Ansprüche Verträgt auch heiße Standorte gut. Überwinterung im Haus an einem hellen, kühlen Standort. Hoher Nährstoffbedarf, daher regelmäßig düngen. Lange Blütezeit, bedingt frosthart, in sehr milden Regionen auch im Freiland mit Winterschutz möglich. Frühzeitiges Entspitzen der Triebe bewirkt einen kompakteren und buschigeren Wuchs; abgeblühte Triebspitzen sind regelmäßig zu entfernen, um die Blütezeit zu verlängern.

Begonie
Begonia-Hybriden

Zweizahn, Goldmarie
Bidens ferulifolia

Blaues Gänseblümchen
Brachyscome multifida

Aussehen Aufrecht bis hängend (sortenabhängig), Blüten kelchförmig, einfach bis dicht gefüllt, immer an den Triebenden, Laub mittel- bis dunkelgrün, Rand gezähnt oder gesägt, immer asymmetrisch.
Ansprüche Braucht viele Nährstoffe und volle Sonne. Verwendung als dekorative Ampelpflanze, Leitpflanze in Misch- und Kastenpflanzungen. Frühzeitiges Entspitzen der Triebe bewirkt einen kompakteren und buschigeren Wuchs; abgeblühte Blüten sind regelmäßig zu entfernen, um Befall mit Grauschimmel zu vermeiden; gereinigte und getrocknete Knollen können dunkel und kühl bei 5 °C überwintert werden.

Aussehen Wuchs aufrecht buschig bis überhängend, stark wachsend; Laub frischgrün, filigran. Aus dem Pflanzenzentrum wachsen Dutzende sich ständig verzweigende krautige Triebe hervor, an deren Enden die leuchtend gelben Blüten sitzen.
Ansprüche Substrat sollte humos und nährstoffreich sein. Regelmäßig gießen, Trockenheit führt zum Blütenfall. Ein Ausputzen der alten Blüten entfällt meist, da bei ausreichender Versorgung die verwelkten Blüten einfach überwachsen werden und mit der Zeit abfallen. Insgesamt pflegeleicht, für Einsteiger.
Sorten ‘Peters Surprise’, kompakte Sorte, sehr früher Blühbeginn.

Anderer Name Australisches Gänseblümchen
Aussehen Kompakt bis breit buschig, zahlreiche zierliche Strahlenblüten an drahtigen Stängeln. Laub mittelgrün, schmal lanzettlich.
Ansprüche Substrat schwach sauer; frisch; durchlässig, Nährstoffbedarf mittel bis hoch, regelmäßig gießen und düngen. Verwendung als dekorative Ampelbepflanzung, für Lücken- und Unterpflanzungen.
Sorten und weitere Arten ‘Mauve Mystique’, breitwüchsig, aber kompakt, sehr reichblühend. ‘Ultra’, besonders satte Blütenfarbe, grünliche Mitte. *B. iberidifolia,* wüchsige, einjährige Art mit blaupurpurnen bis weißen Blüten.

Balkonstrohblume
Bracteantha bracteata

Aussehen Typische Astern-blüten, Blütenblätter papier-artig. Buschiger, kompakter Wuchs; Laub dunkelgrün, lanzettlich.

Ansprüche Bevorzugt nahr-haften, aber durchlässigen Boden. Bei Trockenheit gie-ßen, mäßig düngen. Blüten können zur Gewinnung von Trockensträußen geschnitten werden, das regt gleichzeitig die Bildung neuer Blüten an.

Sorten 'Strawburst Yellow', reingelbe gefüllte Blüten; 'Dazette Flame', goldgelbe Blüten mit orangefarbenen Spitzen; 'Dazette Satin', weiß, leicht gefüllt; 'Sundance Bronce', braunorange, dicht gefüllt; 'Helica Plum', dunkel-rosa mit heller Mitte.

Browallie
Browallia speciosa

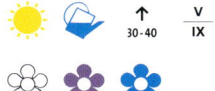

Aussehen Kompakter kup-pelförmiger Wuchs, Blüten erinnern an weit offene Glo-ckenblüten. Laub dunkelgrün, spitz herzförmig, mittelgroß.

Ansprüche Browallien sind recht pflegeleicht, sie benö-tigen aber hohe Temperatu-ren von mindestens 15 °C. Gedeiht am besten an einem hellen Standort ohne direkte Mittagssonne. Erde stets leicht feucht halten und wäh-rend der Wachstumszeit alle zwei Wochen düngen. Welke Blüten sofort abschneiden, dies fördert die Bildung neuer Knospen. Überwinterte Pflan-zen werden im Frühjahr in normale Blumenerde umge-topft, dabei die Triebe etwas zurückschneiden.

Pantoffelblume
Calceolaria integrifolia

Aussehen Aufrechter bis überhängender Wuchs; Laub graugrün. Die Blüten sehen kleinen Pantoffeln ähnlich, in lockeren Doldentrauben im oberen Bereich des Stängels.

Ansprüche Die Pflanzen für einen buschigeren Aufbau einmal stutzen. Ein kühler, heller Standort hält die Pflan-zen kompakt. Gleichmäßig feucht halten, aber Staunäs-se unbedingt vermeiden. Um die Blütezeit zu verlängern und gegen Grauschimmel vorzubeugen, regelmäßig ver-blühte Sprossspitzen entfer-nen. Nährstoffbedarf mittel bis hoch, regelmäßig gießen und düngen.

Ringelblume
Calendula officinalis

Aussehen Aufrecht, nur wenig verzweigt, rasch wachsend; einfache oder gefüllte Strahlenblüten, Laub mittelgrün, rau, lanzettlich. Altbekannte Heil- und Bauerngartenblume

Ansprüche Bevorzugt frischen, durchlässigen Boden, Nährstoffbedarf mittel; regelmäßig gießen, verblühte Pflanzenteile entfernen, um die Blütezeit zu verlängern. Insgesamt sehr pflegeleicht.

Sorten 'Princess Orange', leuchtend orange, Blüten halb gefüllt; 'Fiesta Gitana Mischung', Orange- und Rosttöne mit brauner Mitte. 'Oranges Stachelschwein', auffällig nadelförmige Blüten, 'Touch of Red Mix', rot-gelb geflammte Blüten, auffallend.

Zauberglöckchen
Calibrachoa

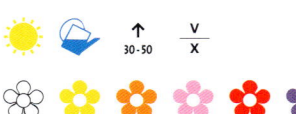

Aussehen Je nach Sorte niederliegend, kugelig oder überhängend; die 3–4 cm großen Blüten sehen kleinen Petunien ähnlich. Laub: kleine, mittelgrüne, zum Teil behaarte Blätter.

Ansprüche Bevorzugt schwach saures Substrat, das frisch, aber durchlässig sein sollte. Nährstoffbedarf hoch; gleichmäßig, aber nicht zu stark gießen; eher etwas trockener halten. Regelmäßiges Entfernen von Verblühtem regt weitere Blütenbildung an. Verwendung für Balkonkästen und als dekorative Ampelpflanzen, sehr blühintensiv, besonders schön zusammen mit Zweizahn *(Bidens)* in Hanging Baskets.

Sommeraster
Callistephus

Aussehen Wuchs aufrecht bis ausladend, schnell wachsend; einfache oder gefüllte Strahlenblüten. Hohe Sorten sind auch für den Schnitt geeignet. Laub mittelgrün, lanzettlich.

Ansprüche Das Substrat sollte neutral bis schwach alkalisch sein. Nährstoffbedarf mittel bis hoch. Regelmäßig verblühte Pflanzenteile entfernen, um die Blütezeit zu verlängern. Ausreichend gießen und düngen, Staunässe vermeiden. Moderne Züchtungen sind weitgehend resistent gegen Asternwelke.

Sorten 'Nekita Mischung', große, dicht gefüllte Pomponblüten, 60 cm; 'Teppich-Mischung', Zwergform mit gefüllten Blüten, 25 cm.

Goldköpfchen
Chrysocephalum-Hybriden

Poscharsky-Glockenblume
Campanula poscharskyana

Aussehen Die Pflanzen besitzen ein silbergrünes Laub und verzweigen sich stark. Die unzähligen gelben Blütenknospen öffnen sich den ganzen Sommer durch. Die Blüten verströmen einen schweren Duft nach reifer Ananas. Attraktiver Dauerblüher in Balkonkästen und sommerlichen Pflanzkübeln, auch für Ampeln geeignet.
Ansprüche In torfarme Blumenerde oder Balkonpflanzenerde pflanzen. Regelmäßig gießen und wöchentlich düngen. Abgeblühte Blütenstände herausknipsen.
Sorten 'Desert Flame', besonders trockenheitsverträglich.

Aussehen Kriechende oder hängende Triebe, bis 70 cm lang. Kräftiger, trockenheitsresistenter Bodendecker. Laub rundlich oder herzförmig. Sternförmige, weit geöffnete Glockenblüten.
Ansprüche Für jeden gut durchlässigen Boden geeignet, kalktolerant. Abgeblühte Blütenranken können zurückgeschnitten werden. Dauerhafte winterharte Staude für Kübel und Tröge, auch zusammen mit Steingartenpflanzen und Zwerggehölzen.
Sorten 'Blauranke', hell violettblau, kräftig wachsend; 'Silberregen', weiße Blüten, konkurrenzstark; 'Stella', dunkelviolett, von eher schwachem Wuchs.

Weitere Arten und Sorten
Karpatenglockenblume *(Campanula carpatica)*, Wuchs kompakt-polsterförmig, nicht in die Breite, Blüten becherförmig, mit den Sorten: 'Blaue Clips', dunkelblau, geschlossener Wuchs, 20 cm; 'Blue Uniform', mittelblauviolett, 20 cm; 'Pearl White', reinweiß, 15 cm, sehr früh blühend; 'Weiße Clips', weiß blühend, breitglockig, 25 cm. *C. portenschlagiana* 'Nice to See', dunkelviolett, kompakter polsterförmiger Wuchs, 15 cm. *C. cochleariifolia,* Wuchs dichtbuschig bis polsterförmig, Blüten kleiner als bei *C. carpatica,* 15 cm.

Hahnenkamm, Federbusch
Celosia argentea

Aussehen Wuchs aufrecht, dicht verzweigt, schnell wachsend. Der Name bezieht sich auf den bizarr geformten Blütenschopf, der sich samtartig anfühlt. Laub hellgrün, spitz eiförmig. Etwas schwierig mit anderen Sommerblumen zu kombinieren.
Ansprüche Benötigt einen warmen geschützten Standort; Substrat schwach sauer bis schwach alkalisch; frisch, durchlässig. Regelmäßig verblühte Pflanzenteile entfernen, um die Blütezeit zu verlängern. Bei Regen an ungeschütztem Standort anfällig für Grauschimmel.
Varietäten var. *cristata*, Hahnenkammform in zahlreichen Sorten; var. *plumosa*, Federbuschform.

Glockenrebe
Cobaea scandens

Aussehen Rasch aufrecht kletternd, Blüten glockenförmig, Laub dunkelgrün, spitz eiförmig. ideal für Zäune, Rosenbögen, Lauben, Balkone oder Rankgitter. Die Blüten stehen auf festen Stielen. Als kleine Sträußchen geschnitten, sind sie in der Vase lange haltbar.
Ansprüche Sie gedeihen auf jedem humusreichen, lockeren Gartenboden oder in durchlässiger Blumenerde. Ein warmer sonniger Standort fördert eine reiche Blüte. Durch das rasche Wachstum benötigen die Pflanzen viel Wasser und Nährstoffe, regelmäßig gießen.
Aussaatzeit Ende März bis Anfang Mai im Haus.

Zwerg-Strauchmargerite
Coleostephus multicaulis

Aussehen Wuchs buschig bis kriechend, auch überhängend; Blüten margeritenförmig mit Röhrenblüten und einem Kranz kurzer Zungenblüten. Laub schmal lanzettlich, klein, dunkelgrün.
Ansprüche Regelmäßig gießen, sparsam düngen. Verblühtes herausschneiden, um eine reiche Blütenfolge zu gewährleisten. Aussaat in Schalen, nur samendick mit Erde bedecken, andrücken und feucht halten. Beim Pikieren je 2–3 Pflanzen zusammennehmen, nach den Eisheiligen ins Freiland. Verwendung für Einfassungen, Steingärten, Flächenbepflanzungen und als Ergänzungspflanze für Balkonkästen und Kübel.

Blaue Mauritius
Convolvulus sabatius

Aussehen Kletterpflanze, umschlingt Zäune und Stäbe. Hellblaue Trichterblüten erscheinen in großer Zahl.

Ansprüche Die blaue Mauritius benötigt einen halbschattigen oder sonnigen Platz. Je mehr Sonne sie bekommt, desto besser wächst sie. Hoher Düngerbedarf durch den raschen Wuchs. Erst gießen, wenn die Erde gut abgetrocknet ist. Bevorzugt wird lehmig-humoser Boden. Durch Einkürzen der Triebe verzweigt sich die Pflanze besser. Überwinterung im Haus möglich, vor dem Einräumen im Winter kürzt man 2/3 der langen Triebe ein. Überwintert wird hell, bei etwa 10 °C, wenig gießen.

Köcherblümchen
Cuphea hyssopifolia

Aussehen In seiner Heimat Mittelamerika strauchartig, bei uns meist einjährig gezogen. Im Laufe des Sommers verholzend. Sternförmige Röhrenblüten, zahlreich dicht an den Trieben sitzend. Laub dunkelgrün, lanzettlich, glänzend.

Ansprüche Eine ausreichende Bewässerung bei mäßiger Düngung sorgt für permanenten Blütennachschub. Welke Blüten werden von der Pflanze einfach abgeworfen, sodass die Arbeit des Ausputzens entfällt. Frostfreie Überwinterung möglich. Interessante neue Sommerblume für Ampeln und Hanging Baskets.

Dahlie
Dahlia-Hybriden

Aussehen Aufrecht buschig, horstbildend, schnell wachsend. Für Balkonkästen sind vor allem niedrige Sorten geeignet. Blüten gefüllt und ungefüllt, Züchtungen mit unterschiedlichsten Blütenformen erhältlich.

Ansprüche Nährstoffbedarf hoch; regelmäßig gießen und düngen. Pflanztiefe 10–15 cm; Pflanzabstand 30–60 cm; Triebspitzen im Frühjahr auskneifen; vor dem ersten Frost den gesamten Spross 10 cm über dem Substrat abschneiden und Wurzelstöcke ausgraben

Überwinterung Wurzelknollen in einem Sand-Torf-Gemisch frostfrei und trocken überwintern.

Elfensporn
Diascia barberae

Aussehen Wuchs aufrecht buschig überhängend; ideale Ampelpflanze. Laub matt- bis mittelgrün, zierlich.
Ansprüche Regelmäßiges Gießen und Düngen sorgt für eine lange Blütezeit. Überwinterung an hellem, kühlem Standort im Haus möglich. Mehrjährige Pflanze, verträgt leichten Frost.
Frühzeitiges Entspitzen der Triebe bewirkt einen kompakteren und buschigeren Wuchs; im Sommer eventuell Rückschnitt bei Samenansatz. **Sorten** 'Little Charmer', dunkelpink, sehr reich blühend; 'Breeze Snow', weiß, großblütig; 'Coral Belle', aparte korallenrote Blütenfarbe, kompakt.

Schönranke
Eccremocarpus scaber

Aussehen Kletterpflanze, die sich durch Blattranken an der Kletterhilfe festhält. Röhrenförmige Blüten in lockeren Trauben. Mittelgrünes gefiedertes Laub. Sehr attraktiv!
Ansprüche Wächst auf jedem gut versorgten Boden. Regelmäßig düngen und gießen. Anzucht aus Samen möglich. Im März/April je 2–3 Korn in einen Topf oder ab Ende Mai ins Freiland säen, flach mit Erde bedecken, andrücken und feucht halten. Mit dem Topfballen auspflanzen.
Sorten 'Tresco-Hybriden', Mischung mit besonders farbenfrohen Blüten.

Kalifornischer Goldmohn
Eschscholzia californica

Aussehen Einjährige Sommerblume mit typischen Mohnblüten in Gelb- und Orangetönen, auch gefüllte Sorten im Handel. Buschiger Wuchs, fein gefiedertes frisch grünes Laub.
Ansprüche Liebt lockeren, sandigen, wasserdurchlässigen Boden in sonniger Lage. Anzucht aus Saat ist einfach, März bis Mai direkt ins Freiland, nur flach mit Erde bedecken, andrücken und feucht halten. In mildem Klima kann auch im September gesät werden. Die Sämlinge lassen sich wegen der Pfahlwurzeln nur sehr schwer pikieren. Goldmohn sät sich häufig selber wieder aus.

Zauberschnee
Euphorbia 'Diamond Frost'

Anderer Name Balkon-Euphorbie, botanisch korrekt *Chamaesyce hypericifolia*
Aussehen kompakter, breit kissenförmiger Wuchs, ideal für Ampeln und Hanging Baskets. Zierliche, reinweiße Blüten in lockeren Dolden, an dünnen drahtigen Stängeln. Spatelförmiges Laub.
Ansprüche Bevorzugt humosen, aber durchlässigen Boden; regelmäßig, aber mäßig gießen. Alle 2–3 Wochen mit Flüssigdünger düngen oder schon beim Pflanzen mit Depotdünger versorgen. Verblühtes fällt von selber ab, das Ausputzen entfällt. Insgesamt sehr pflegeleichte Pflanze mit hoher Standorttoleranz, verträgt auch zeitweilige Trockenheit und Hitze.

Kapaster
Felicia amelloides

Aussehen rundlich buschig; breiter als hoch wachsend. Zahlreiche Strahlenblüten mit gelber Mitte. Sehr luftiger und zierlicher Gesamteindruck. Laub dunkel- bis tiefgrün, schmal lanzettlich. Schön als Zwischenpflanzung im Balkonkasten.
Ansprüche Substrat möglichst schwach sauer; durchlässig, sandig-humos. Mäßig trocken bis frisch halten. Nährstoffbedarf mittel. Regelmäßig, aber eher sparsam gießen. Das Entspitzen der Haupttriebe regt die Blütenbildung an, verwelkte Blüten regelmäßig entfernen.

Fuchsie
Fuchsia-Hybriden

Aussehen Wuchs aufrecht strauch- oder baumförmig bis überhängend. Im Alter verholzend. Blüten glockenförmig, einfach bis gefüllt, oft zweifarbig. Laub mittel- bis dunkelgrün, breit lanzettlich. Attraktive Ampel- und Kübelpflanze, wertvoll als Schattenblüher.
Ansprüche Im Herbst oder im Spätwinter vor dem Einräumen ins Haus zurückschneiden, ohne dabei zu tief ins alte Holz zu gehen. Überwinterung bei mindestens 3 °C an einem hellen Standort. Für eine reiche Blüte Verblühtes regelmäßig entfernen. Bevorzugt humosen, aber durchlässigen Boden und ausreichende Feuchtigkeit.

Prachtkerze
Gaura lindheimeri

Aussehen Apart mit ihren zarten, an Schmetterlinge erinnernden Blüten in lockeren Rispen, elegantes und anmutiges Blühwunder bis zum ersten Frost. Wuchs buschig, mit drahtigen Stängeln. Jede Einzelblüte ist kurzlebig und hält nur einen Tag, wobei sie sich von rosaweiß zu rosarot verfärbt. Blätter schmal und gezähnt, dunkelgrün.
Ansprüche Bevorzugt mäßig nährstoffreichen, eher trockenen bis normal feuchten Boden an geschütztem Platz. Empfindlich gegen Staunässe. Sonst völlig anspruchslos. Mäßiger Nährstoffbedarf.
Sorten 'Lollypop Pink', dunkelrosa, rötliches Laub.

Gazanie
Gazania rigens

Aussehen Flach wachsend bis aufrecht buschig. Laub dunkelgrün, auch silbrigweiß, mit grundständiger Rosette. Große Strahlenblüten in leuchtenden Sonnenfarben.
Ansprüche Um die Blütezeit zu verlängern, regelmäßig verblühte Blüten entfernen; mäßig düngen und gießen. Insgesamt pflegeleicht.
Sorten 'Magic Serie', blütenreiche, kompakte Pflanzen in Gelb- und Orangetönen; 'Chansonette-Mischung', einfarbige, sehr große Blüten; 'Daybreak Red Stripe', Blüten orange mit braunen Streifen; 'Talent Mix', kompakte Farbmischung.

Sonnenblume
Helianthus annuus

Aussehen Wuchs straff aufrecht, schnell wachsend; für Kästen und Kübel wurden spezielle Zwergsorten, zum Teil mehrtriebige, gezüchtet. Laub mittel- bis dunkelgrün, rau, sehr groß. Strahlenblüten mit korbartiger Mitte
Ansprüche Raschwüchsig, benötigt daher reichlich Wasser und Dünger. Schlappt schnell bei Trockenheit. Verblühende Sorten setzen auf der Mittelscheibe Samen an (wichtiges Vogelfutter!).

Vanilleblume
Heliotropium arborescens

Zwerg-Wucherblume
Hymenostemma paludosum

Sorten für den Balkon
'Pacino', einfach blühend, goldgelb mit brauner Mitte, 35 cm; 'Teddybär', gefüllte Blüten, gelb,40 cm; 'Merida Bicolor', Halbgefüllt, gelb mit rotem Ring, braune Mitte, 40 cm; 'Ring of Fire', goldgelb mit breitem rotem Ring, mehrblütig, 120 cm; 'Mezzula', goldgelb mit dunkelbrauner Mitte, pollenfrei, 120 cm; 'Sonja', goldgelb mit dunkler Mitte, kleinblumig, 100 cm; 'Samtkönigin', samtrot, großblütig, verzweigter Wuchs, 150 cm.

Anderer Name Heliotrop
Aussehen Wuchs aufrecht bis kompakt buschig; Blüten klein, zahlreich in großen Dolden, süß duftend, Insektenweide. Laub dunkelgrün, spitz eiförmig, runzelig. Kann auch als Hochstamm gezogen werden.
Ansprüche Substrat schwach sauer; frisch, humos. Nährstoffbedarf mittel bis hoch. Regelmäßig gießen, Staunässe und Ballentrockenheit vermeiden, vor Wind und Regen schützen. Frühzeitiges Entspitzen der Triebe für buschigen Wuchs, regelmäßig abgeblühte Blüten entfernen. Überwinterung hell bei etwa 10 °C möglich.

Aussehen Wuchs buschig bis aufrecht, am Ende der Stängel weiße Margeritenblüten mit gelber Mitte. Laub dunkelgrün, Blätter breit lanzettlich.
Ansprüche Bevorzugt lockeren, humosen Boden mit guter Wasserversorgung. Mittlerer Nährstoffbedarf, regelmäßig mit Flüssigdünger düngen. Verblühtes ausknipsen, um weitere Blütenbildung anzuregen.
Sorten 'Weißer Ring', besonders kompakt wachsend.

Fleißiges Lieschen
Impatiens walleriana

Prunkwinde
Ipomoea purpurea

20-50 | VI / IX

200-300 | VI / X

Aussehen Aufrecht buschig; Blüten schalenförmig, auch gefüllte Sorten. Laub hell- bis bronzegrün oder rötlich überlaufen. Wertvolle Blütenpflanze für schattige Lagen.

Ansprüche Bevorzugtes Substrat schwach sauer bis neutral; frisch; durchlässig, humos. Nährstoffbedarf mittel; regelmäßig gießen, Staunässe und Ballentrockenheit vermeiden. Entfernen von Abgeblühtem fördert die Blütenbildung.

Sorten 'Bonita-Serie', Zwergige Sortengruppe, reich blühend; 'Nino-Serie', kompakt und gleichmäßig; 'Victorian Rose', gefüllte, karminrosa-Blüten. 'Accent Star Mix', große zweifarbige Blüten mit ausdrucksvollem Stern.

Aussehen Schlingpflanze mit auffallenden großen Trichterblüten, die nur einen Tag halten, sich aber ständig neu bilden. Herzförmig gebuchtetes frisch grünes Laub.

Ansprüche Bevorzugt warmen windgeschützten Standort und nahrhaften, durchlässigen Boden. Regelmäßig gießen und düngen. Anzucht aus Samen ist leicht. Je 3–4 Körner in einen Topf oder ab Ende April direkt ins Freiland legen, ca. 1 cm dick mit Erde bedecken, andrücken und gleichmäßig feucht halten.

Sorten 'Blauer Himmel', reines Hellblau; 'Blue Star', himmelblau mit dunkler sternförmiger Zeichnung; 'Caprice', weiße Blüten, perlmuttrosa überhaucht; 'Car-nevale de Venezia', lebhaft gestreifte Blüten, sehr auffallend; 'Grandpa Ott', dunkelviolett mit weißem Auge; 'Murasaki Jishi', dunkelviolett mit weißem Rand, zipfelige Blüten; 'Sunrise Serenade', leuchtend karminrot, gefüllte Blüten.

Duft-Wicke
Lathyrus odoratus

Aussehen Aufrecht wachsend oder buschig, blaugrüne Stängel und Blätter, Laub gefiedert. Bei rankenden Sorten endständige Blattranken. Schmetterlingsblüten in endständigen Trauben, stark duftend!

Ansprüche Bevorzugt humosen, eher frischen Boden. Am besten ab April an Ort und Stelle aussäen, gleichmäßig feucht halten, mäßig düngen. Kletternde Sorten benötigen eine Rankhilfe. Verblühtes sofort abschneiden, um Samenbildung zu verhindern. Neigt an heißen Standorten zu Mehltau.

Sorten 'Zwerg-Mischung', nicht rankend, bis 50 cm hoch; 'Painted Lady', zweifarbig rosa-weiß, bis 100 cm.

Männertreu
Lobelia erinus

Aussehen Rundlich buschig überhängend, breiter als hoch. Laub dunkelgrün, lanzettlich, klein. Zahlreiche kleine Blüten mit charakteristischer Lippe und weißem Auge.

Ansprüche Bevorzugt humoses, frisches Substrat. Baut bei Trockenheit schnell ab. Regelmäßig gießen und düngen. Optimal ist ein halbschattiger Standort, volle Sonne nur bei ausreichender Bodenfeuchte. Dekorative Ampelpflanze, für Lücken- und Unterpflanzungen.

Sorten 'Blue Star', kompakt, Blüten azurblau; 'Cobalt', leuchtend enzianblau, relativ hitzeverträglich; 'Kaiser Wilhelm', violettblau, ohne Auge.

Gauklerblume
Mimulus-Hybriden

Aussehen Niederliegend bis flach wachsend; Laub frisch grün. Auffallende Trompetenblüten vorwiegend in Gelbtönen. Eigentlich eine kurzlebige Staude.

Ansprüche Hoher Nährstoffbedarf, großzügig gießen und düngen. Nach der ersten Blüte sofort zurückschneiden, treibt danach wieder durch. Für bunte Beet- und Staudenpflanzungen in Terrassennähe, Teich- und Uferrand, samt sich stark aus.

Sorte 'Magic Mix', kompakte Mischung, frühe Blüte. 'Twinkle Mix', Blüten in reinen Gelb- und Rottönen, 20 cm; 'Roter Kaiser', einfarbig scharlachrot, für sumpfigen Standort.

Wunderblume
Mirabilis jalapa

Aussehen Aufrecht buschig. Blüten trompetenförmig, Blüten öffnen sich erst nachmittags, Schmetterlingsweide. Oft befinden sich mehrfarbige Blüten an den Pflanzen. Intensiv duftend, besonders abends und nachts. Laub mittelgrün, eiförmig. Die Blütenfarben variieren stark, von weiß über gelb bis hin zu allen Rottönen ist alles möglich. Auch zweifarbige, gestreifte Blüten.
Ansprüche Bevorzugt humosen, durchlässigen Boden. Regelmäßig gießen und düngen, Verblühtes ausknipsen. Pflegeleichte Sommerblume, die wie Dahlien als Knolle überwintert werden kann. Die Anzucht aus Samen ist einfach.

Elfenspiegel
Nemesia-Hybriden

Aussehen Niederliegend bis hängend, stark verzweigt; zahlreiche Blüten, die an kleine Löwenmäulchen erinnern. Laub mittel- bis dunkelgrün, lanzettlich.
Ansprüche Gleichmäßiges Gießen und Düngen garantieren eine lange Blütezeit. Frühzeitiges Entspitzen der Triebe bewirkt einen kompakteren und buschigeren Wuchs; Rückschnitt bei Samenansatz im Sommer, um neuen Blütenflor zu fördern.
Sorten 'Sunsatia'-Serie, früh und lange blühend, in vielen Farben; 'Karoo'-Serie, aufrechter Wuchs, dichte Doldentrauben, violette Farbtöne; 'Glory', kompakter kugeliger Wuchs, bunte Farbpalette.

Zier-Tabak
Nicotiana × sanderae

Aussehen Aufrecht bis buschig wachsend; sternförmig geöffnete Röhrenblüten, die besonders abends und nachts duften; Schmetterlingsweide. Laub mattgrün.
Ansprüche Liebt humosen Lehmboden, wächst aber überall an sonniger Stelle und in leichtem Halbschatten. Benötigt reichlich Nährstoffe für eine lange Blüte. Regelmäßig alles Verblühte abknipsen, ausreichend gießen.
Sorten 'Havanna Appleblossom', kompakt, mit zartrosa Blüten; 'Lime Green', außergewöhnliche grüngelbe Blütenfarbe; 'Merlin Magic', kompakt, Blüten in sanften Lachstönen; 'Whisper Mixed', verschiedene Rosatöne, silbriges Laub.

Nierembergie, Weißbecher
Nierembergia hippomanica

Aussehen kompakt aufrecht–buschig; kleine becherförmige Blüten. Laub mittel- bis dunkelgrün, klein, schmal lanzettlich.

Ansprüche Benötigt humosen kalkfreien Boden und ausreichende Bodenfeuchte. Reichlich gießen und Verblühtes herausschneiden. Kann relativ einfach ab März auf der Fensterbank ausgesät werden. Mehrjährige Pflanze, in sehr milden Regionen auch im Freiland mit Winterschutz möglich.

Sorte 'Mont Blanc', reinweiße Züchtung mit kissenförmigem Wuchs. Sie wurde wegen ihrer Blühfreudigkeit mit einer Fleuroselect-Goldmedaille ausgezeichnet.

Glockenwinde
Nolana paradoxa

Aussehen Wuchs ausgebreitet bis kriechend, Triebe bis 100 cm lang. Strahlend blaue Trichterblüten, ähnlich Winden, erscheinen in großer Zahl. Unermüdlich blühend. Rautenförmige, sukkulente Blätter, die quirlartig am Stängel angeordnet sind.

Ansprüche Mäßig gießen und düngen, übersteht auch kurze Trockenheit gut. Anspruchslose Sommerblume, ideal für Ampeln und Hanging Baskets. Aussaat im März bis Mai in Schalen oder Frühbeetkasten. Bald nach Aufgang pikieren. Nach Mitte Mai auspflanzen. Auch Freilandaussaat möglich. Verblühtes regelmäßig ausknipsen, um neue Blüten anzuregen.

Kapkörbchen
Osteospermum ecklonis

Aussehen Aufrecht breitbuschig; Laub matt- bis graugrün, löffelförmig mit gebuchtetem Rand. Große Strahlenblüten in vielen Farben, oft mit weißer Mitte.

Ansprüche Regelmäßig düngen, mäßig gießen, aber nicht austrocknen lassen. Um die Blütezeit zu verlängern, regelmäßig Verblühtes entfernen, frühzeitiges Entspitzen junger Triebe regt einen buschigen Wuchs an.

Sorten 'Cape Daisy'-Serie, große Blüten mit dunkler Mitte; 'Symphony'-Serie, kompakt wachsende Serie mit cremefarbenen, gelben und orangen Sorten; 'Springstar'-Serie, Blüte früh einsetzend, kompakter Wuchs.

Aufrechte Geranie
Pelargonium-Zonale-Hybriden

30-50

Aussehen Aufrecht buschig; Blüten in dichten Doldentrauben am Ende kräftiger Stängel. Laub mittelgrün bis dunkelgrün, bei manchen Sorten auch mehrfarbig, rau behaart.

Ansprüche Reichlich gießen, regelmäßig düngen, benötigt reichlich Nährstoffe. Verblühtes regelmäßig entfernen, um neue Blüten anzuregen. Im Herbst vor der Überwinterung die Pflanzen um etwa ein Drittel zurückschneiden; Überwinterung bei mindestens 3 °C an einem hellen Standort.

Weitere Formen Peltatum-Hybriden mit hängendem Wuchs und glänzendem Laub. Ansprüche identisch, auch für Ampeln geeignet.

Sorte	Blüte	Blatt	Wuchs
Aufrechte Sorten (Zonale-Hybriden)			
'Carmen'	scharlachrot	mittelgrün	mittelstark
'Carino Purple'	dunkelpurpur	dunkelgrün	mittelstark
'Golan' Zonale	weiß	dunkelgrün	kompakt
'Jaffa'	orange	mittelgrün	starkwüchsig
'Ludwigsburger Flair',	helllachs mit grün	mittelgrün	starkwüchsig
'Ruth'	dunkellila, halb gefüllt	mittelgrün	mittelstark
'Samantha'	dunkelrot, gefüllt	mittelgrün	kompakt
Hängende Sorten (Peltatum-Hybriden)			
'Granatit'	samtrot, halb gefüllt	mittelgrün	mittelstark
'Rainbow Orange'	orange	mittelgrün	mittelstark
'Starlight Amethyst'	dunkelviolett, halb gefüllt	mittelgrün	mittelstark
'Ville de Paris', 'Dresden'	weiß	mittelgrün	starkwüchsig

Sternblume
Pentas lanceolata

Aussehen Reich verzweigter, buschig-kompakter
Wuchs, große Blütendolden.
Laub frisch grün.
Ansprüche Gleichmäßig
feucht halten, aber eher trocken kultivieren. Ein starker
Wechsel zwischen trocken
und sehr feuchtem Substrat
stresst die Pflanzen und führt
zu Vergilbungen und Nek-
rosen an den Blättern. Kein
kaltes Wasser verwenden.
Mittlerer bis hoher Nährstoffbedarf. Verblühtes regelmäßig herausschneiden, um die
Blütedauer zu verlängern. Als
Zimmerpflanze überwintern.
Sorten 'Graffiti Hellrosa',
Blüten babyrosa mit hellem
Auge; 'Graffiti Red Lace',
kirschrot; 'New Look Weiß',
reinweiß.

Petunie
Petunia

Aussehen Wuchs niederliegend, einige Sorten auch
kompakt buschig. Laub oval,
dunkelgrün, samtig behaart.
Blüten trichterförmig, weit
geöffnet, auch gefüllt.
Ansprüche Bevorzugt frischen, nahrhaften Boden;
reichlich düngen und gießen;
regelmäßig alles Verblühte
ausknipsen, um weitere Blütenbildung anzuregen. Besonders die gefüllten Sorten sind
empfindlich gegen Regen.
Sorten 'Cascadias'-Serie,
starkwüchsig mit einfachen
Blüten; 'Petitunia'-Serie,
kleinblütig, etwas schwächer
im Wuchs; 'Surfinia'-Serie,
Sortengruppe mit sehr starkem überhängendem Wuchs,
eher kleinblütig.

Portulakröschen
Portulaca grandiflora

Aussehen Flach wachsend,
auch kriechend. Duftige, an
Seidenblumen erinnernde
Blüten. Es gibt sowohl einfache wie halb gefüllte Blüten, bis 8 cm Durchmesser.
Letztere gleichen kleinen
Röschen. Blüten öffnen sich
nur bei Sonnenschein. Blätter
schmal, fleischig.
Ansprüche Der Standort
sollte sonnig und sogar heiß
sein, nur regen- und windgeschützt möchte die Pflanze
wachsen. Besonders gut
entwickelt sich das Portula-
kröschen in leicht sandigem
Gartenboden oder in sandi-
ger Blumenerde. Der Wasser-
anspruch ist gering, Pflanze
nur minimal gießen und nur
alle 4 Wochen düngen.

Feuer-Salbei
Salvia splendens

    25-40 V/X

Aussehen Aufrechter bis buschiger Wuchs, über dem dunklen, nesselartigen Laub erheben sich dichte Kolben mit Lippenblüten in meist knalligen Farben. Schwer mit anderen Sommerblumen zu kombinieren.
Ansprüche Regelmäßig gießen und düngen, verträgt aber keine Staunässe. Aussaat in Schalen, samendick mit Erde bedecken, andrücken und feucht halten. Sobald die Pflanzen sich berühren, in kleine Töpfe setzen. Um kräftigere Pflanzen zu bekommen, nach dem 6. Blatt die Spitze entfernen.
Sorten 'Blaze of Fire', feuerrot; 'Scarlet King', leuchtend rot, 25 cm; 'Leuchtfunk', scharlachrot, 20 cm.

Husarenknopf
Sanvitalia-Hybriden

   15-25 VI/IX

Aussehen Wuchs niederliegend bis buschig, kompakt. Rundliche Strahlenblüten mit brauner oder grüner Mitte. Laub dunkelgrün, lanzettlich.
Ansprüche Bevorzugt humosen, durchlässigen Boden. Regelmäßiges Ausknipsen von Verblühtem fördert die Blütenbildung. Ausgewogen düngen und gießen, Staunässe vermeiden. Schöne Pflanze für Ampeln und Hanging Baskets, aber auch als überhängende Pflanze im Balkonkasten.
Sorten 'Picador Yellow', kompakter Wuchs, hitzefest; 'Gelber Vogel', kurze Blütenblätter, besonders markante schwarze Mitte; 'Solaris', langtriebig, zart, mit grüner Mitte.

Fächerblume
Scaevola aemula

    30-50 V/X

Aussehen Breitbuschiger, kriechender oder überhängender Wuchs, ideal für Hanging Baskets. Laub mittelgrün, klein, am Rand gezähnt. Blüten sehen wie kleine ausgeklappte Fächer aus, zahlreich an den Triebspitzen.
Ansprüche Schon beim Pflanzen mit Depotdünger versorgen, regelmäßig gießen und bei Bedarf düngen. Da sich an den Triebspitzen immer neue Blüten bilden, nur vollständig abgeblühte Triebe abschneiden.
Sorten 'Saphira', dunkelviolette Blüten; 'New Wonder', kompakter Wuchs, frühe Blüte, blau; 'White Wonder', wüchsig, mit weißen Blüten.

Spaltblume, Bauernorchidee
Schizanthus × wisetonensis

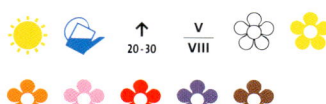

Aussehen Wuchs buschig bis aufrecht, endständige Dolden mit farbenprächtigen Rechenblüten. Laub mittelgrün, gefiedert.
Ansprüche Bevorzugt nahrhaften, aber durchlässigen Boden, benötigt viel Wasser, sollte aber nicht mit der Brause gegossen werden, sonst bildet sich leicht Grauschimmel. Regelmäßiges Entfernen von Verblühtem regt die Bildung neuer Blüten an. Eigentlich als Zimmerpflanze bekannt, eignet sie sich für geschützte Standorte auf Balkon und Terrasse. Am besten einzeln in Töpfen kultivieren, um ihren Pflegeansprüchen gerecht zu werden.

Schneeflockenblume
Sutera diffusa

Aussehen Wuchs flach niederliegend bis kriechend, gut für Ampeln und Hanging Baskets geeignet. Sternförmige kleine Blüten, in großen Mengen an kurzen Seitentrieben. Laub dunkelgrün, eiförmig, sehr klein.
Ansprüche Bevorzugt frischen, nahrhaften, aber durchlässigen Boden. Nicht für heiße sonnige Standorte geeignet, blüht aber lange und zuverlässig im Halbschatten. Regelmäßig düngen und abgeblühte Triebe zurückschneiden.
Sorten 'Snowflake', ältere, immer noch beliebte Sorte, weiß; 'Big Ice Blue', kompakter gleichmäßiger Wuchs, hellblau; 'White', starkwüchsig, großblütig, weiß.

Kleinblütige Studentenblume
Tagetes tenuifolia

Aussehen Buschig, stark verzweigt; kleine einfache Blüten an den Stängelenden, aromatisch duftend! Feines gefiedertes, hellgrünes Laub. Schön als Füllpflanze zwischen anderen Sommerblumen.
Ansprüche Bevorzugt durchlässigen, nährstoffreichen Boden und gleichmäßige Feuchtigkeit. Pflegeleicht. Aussaat in Schalen oder Töpfe, dünn mit Erde bedecken, andrücken und gleichmäßig feucht halten. Ca. 2 Wochen nach Auflaufen in Töpfe oder Schalen pikieren, hell und luftig bei 14–18 °C weiterkultivieren. Nach den letzten Frösten auspflanzen. Ab Ende April Direktsaat.

Schwarzäugige Susanne
Thunbergia alata

Gelbes Gänseblümchen
Thymophylla tenuiloba

Torenie
Torenia-Hybriden

Aussehen Leuchtende Blüten mit einem tiefschwarzem Auge. Laub dunkelgrün, eiförmig, groß. Sowohl an Rankgittern, Pyramiden oder einfach im Balkonkasten rankend können diese Schlingpflanzen verwendet werden.
Ansprüche Benötigt nahrhaften durchlässigen Boden. Regelmäßig düngen und großzügig gießen. Kann durch Aussaat selbst herangezogen werden. Die schnell wachsenden Schlinger brauchen eine Vorkultur in Töpfen auf der warmen Fensterbank oder im Gewächshaus. Geben Sie den Trieben schon bald nach dem Aufgehen lange Stäbe, damit sie sich nicht verhaken.
Sorten 'Lemon Star', gelb mit schwarzem Auge.

Aussehen Wuchs kriechend bis überhängend, gut für Ampeln und Hanging Baskets geeignet. Zierliche Asternblüten in großer Zahl an den Triebenden. Laub fein gefiedert, mittelgrün, aromatisch duftend. Lässt sich besonders schön mit blau blühenden Sommerblumen vergesellschaften.
Ansprüche Bevorzugt nahrhaften durchlässigen Boden. Wöchentlich leicht düngen und Verblühtes zurückschneiden, um neue Blüten anzuregen. Staunässe vermeiden, aber auch Ballentrockenheit wird schlecht vertragen. Aussaat ab März auf der Fensterbank oder ab April ins Frühbeet, ab Mai ins Freiland auspflanzen.

Aussehen Wuchs kriechend bis überhängend, gut für Ampeln und Hanging Baskets geeignet. Mittelgrünes, gezähntes Laub. Blüten in Form von großen Löwenmäulchen, zahlreich an den Enden der Triebe.
Ansprüche Bevorzugt nahrhaften, durchlässigen Boden ohne Staunässe. Ausreichende Düngergaben sorgen für einen durchgehenden Blütenflor. Entspitzen der jungen Pflanzen fördern einen buschigen Wuchs. Regelmäßig Verblühtes ausknipsen.
Sorten 'Summerwave', großblütig, blau und violett; 'Viva Sol', leuchtend gelbe Blüten mit lila Schlund.

Kapuzinerkresse
Troaeolum majus

Aussehen Trompetenblüten in zahlreichen Farben. Buschiger oder auch kriechender Wuchs. Graugrüne, schildförmige Blätter mit ganz glatter, fast wachsartige Oberfläche.

Ansprüche Kapuzinerkresse wächst auf jedem Boden ohne Staunässe. Ein sonniger Standort fördert die reiche Blüte. Kletternde Sorten benötigen eine Kletterhilfe, oder sie entwickeln sich zu Bodendeckern.

Sorten 'Banana Split', hellgelb mit roter Zeichnung, kompakt; 'Juwel Cherry Rose', kirschrot, halb gefüllt, buschig; 'Sangria', dunkelrot, dunkles Laub, buschig; 'Rankende Mischung', verschiedene Orangetöne, rankend.

Verbene
Verbena-Hybriden

Aussehen Wuchs buschig bis kriechend, viele Sorten eignen sich für Ampeln und Hanging Baskets. Zahlreiche Blüten in dichten Dolden. Die Blüten sind lange haltbar und eignen sich auch für den Schnitt. Laub frisch grün.

Ansprüche Bevorzugt nahrhaften durchlässigen Boden. Regelmäßige Düngergaben und ein Entfernen von Verblühtem regen die Blütenbildung an. Die meisten Sorten lassen sich nur durch Stecklinge vermehren.

Sorten 'Superbena'- Serie, kompakt mit großen Blütendolden; 'Temari'-Serie, starkwüchsig, für Ampeln; 'Fuego'-Serie, hängender Wuchs, mit starken Blütenfarben.

Zinnie
Zinnia elegans

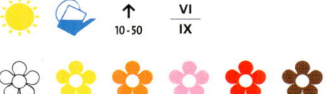

Aussehen Einfache oder gefüllte Strahlenblüten auf kräftigen Stängeln. Laub lanzettlich, dunkelgrün.

Ansprüche Einfach zu kultivierende Sommerblumen für Beete, niedrige Sorten auch für Balkonkästen. Bevorzugt nicht zu nahrhaften, durchlässigen Boden und eine möglichst gleichmäßige Bodenfeuchte. Zinnien können ab April im Freiland ausgesät werden.

Sorten 'Profusion Cherry', kirschrot, guter verzweigter Wuchs; 'Kleinblumige Mischung', gefüllte Blüten, auch für den Schnitt geeignet. 'Zahara Yellow', schwefelgelb, buschiger Wuchs.

Silberrandchrysantheme
Ajania pacifica

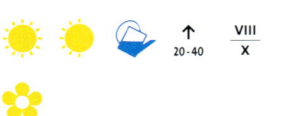

Besenheide
Calluna vulgaris

Aussehen Wuchs kompakt, polsterbildend; dunkelgrünes, silbrig umrandetes, glänzendes Laub. Blüten in dichten Dolden, kugelige Einzelblüten ohne Kelchblätter. Attraktiv durch auffallendes Laub.
Ansprüche Verblühtes regelmäßig entfernen, um die weitere Blütenbildung anzuregen.Sehr schön für Lücken- und Unterpflanzungen. Lässt sich gut mit Heidekraut und Gräsern kombinieren. Mehrjährige Pflanze, aber mäßig frosthart.
Sorten 'Bellania Bea', gelbe Blütenknöpfchen ohne Zungenblüten, kompakter Wuchs; 'Bellania Bess', gelbe Blütenknöpfchen mit einem Kranz gedrungener weißer Zungenblüten.

Aussehen Niederliegend bis aufrecht, dicht buschig; neue Triebe weich, von unten verholzend. Grünes bis graugrünes, nadelartiges Laub, auch gelblaubige Sorten im Sortiment. Blüten in dichten Ähren entlang der Triebe.
Ansprüche Rückschnitt nach der Blüte, mäßig gießen, sparsam düngen. Bevorzugt leichte, sandige und saure Substrate, die aber nicht austrocknen sollten.

Sorte	Blüte	Laubfarbe	Höhe
'Alba Plena'	weiß, gefüllt	frisch grün	30 cm
'Annemarie'	dunkelrosa, gefüllt	dunkelgrün	40 cm
'Gold Haze'	weiß	hellgelb	40 cm
'J. H. Hamilton'	lachsrot, gefüllt	dunkelgrün, im Winter bronze	40 cm
'Klaudine'	weiß, Knospenblüher	dunkelgrün	40 cm
'Long White'	weiß	frisch grün	60 cm
'Marleen'	rosalila, Knospenblüher	dunkelgrün	30 cm
'Sandy'	weiß, Knospenblüher	leuchtend gelb	40 cm

Chinesische Bleiwurz
Ceratostigma plumbaginoides

   ↑ 20-30 | VIII X

Herbst-Chrysantheme
Chrysanthemum-Hybriden

   ↑ 30-70 | VIII XI

Aussehen Wuchs buschig bis breit ausladend, Röhrenblüten von einem sehr leuchtenden Enzianblau. Grünes Laub, das sich im Herbst orange färbt, Blätter spitz eiförmig

Ansprüche Nährstoff- und Wasserbedarf gering; wenig bis regelmäßig gießen, bei starkem Frost Winterschutz nötig. Gelegentlich zurückschneiden. Verwendung in gemischten Pflanzungen, schön mit Gräsern, Heidekraut und Zwergkoniferen. Auch als Dauerbepflanzung in Trögen verwendbar. Durch den kriechenden Wuchs gut geeignet für bodendeckende Unterpflanzungen von kleinen Gehölzen.

Aussehen Buschig bis horstartiger Wuchs, Laub graugrün bis dunkelgrün, löffelförmig, Rand gebuchtet. Blüten in endständigen Doldentrauben. Viele Sorten, von einfach bis dicht gefüllt, klein- und großblütige Sorten.

Pflege Regelmäßig gießen und ausgewogen düngen. Nach der Blüte zurückschneiden. Kann an geschütztem Platz über den Winter gebracht werden; eventuell ins Beet auspflanzen.

Sorte	Blütenfarbe	Blütenform
'Balios'	goldbronze	dicht gefüllt, pomponförmig, klein
'Barbara'	dunkelrosa	dicht gefüllt, kugelförmig, klein
'Debonair'	himbeerrosa	dicht gefüllt, flachkugelig, mittel
'Felix'	leuchtend gelb	gefüllt, asternförmig, mittel
'Hippo	fuchsrot, außen heller	gefüllt, flachkugelig, klein
'Lhasa'	weiß, gelbe Mitte	halb gefüllte Margeritenblüten, klein
'Lipsi'	goldorange	gefüllt, Strahlenblüten, mittel
'Nitro'	reinrosa	gefüllt, seerosenblütig, mittel
'Rosanna'	rosarot, gelbe Mitte	halb gefüllt, klein
'Senso'	rubinrot	gefüllt, seerosenblütig, groß

Schneeheide
Erica gracilis

Aussehen Dicht teppichartig; kriechende, niederliegende, an den Enden aufstrebende Triebe; dunkelgrünes Laub, nadelartig; immergrün. Im Sortiment sind auch gelblaubige Sorten. Blüten klein, kerzenförmige Blütenstände aus zahlreichen Einzelblüten.
Ansprüche Im Frühling zurückschneiden. Nur bedingt winterhart, bei stärkerem Frost (unter -10 °C) an einen geschützten Ort bringen.
Verwendung Blüten- und Ziergehölz für Kästen und Kübel; regelmäßiger Schnitt nach der Blüte fördert Buschigkeit und Blütenreichtum. Winterhärter sind Winterheide (*E. carnea,* auch für alkalische Böden) und Glockenheide *(E. tetralix)*.

Art/Sorte	Blüte	Laub
E. gracilis 'Florentine'	rot	frischgrün
E. gracilis 'Lilli'	karminrosa	frischgrün
E. gracilis 'Fridolin'	rosarot	frischgrün
E. gracilis 'Leonardo D.'	rot	gelb
E. gracilis 'Pippi Langstrumpf'	kirschrot	frischgrün
E. carnea 'Isabell'	weiß	frischgrün
E. carnea 'Lohse's Rubin'	rubinrosa	dunkelgrün
E. carnea 'Myreton Ruby'	rotlila	dunkelgrün
E. carnea 'Snow Queen'	weiß	frischgrün
E. carnea 'Vivellii'	rotviolett	im Winter bronze
E. carnea 'Winter Beauty'	lilarosa	dunkelgrün
E. tetralix 'Alba'	weiß	graugrün
E. tetralix 'Con Underwood'	karminrot	graugrün
E. tetralix 'Pink Star'	reinrosa	graugrün

Chinesischer Herbst-Enzian
Gentiana sino-ornata

   ↑ 10-20 | VIII X

Aussehen Azurblaue Blüten, die außen mit hübschen schwarz-weißen Längsstreifen versehen sind. Laub mittelgrün, als grundständige Rosette.
Ansprüche Einfach zu kultivierende Enzian-Art, liebt humosen, sauren Boden. Wichtig sind eine gute Wasserversorgung und hohe Luftfeuchtigkeit. Besonders wohl fühlt er sich an einem absonnigen Standort oder in der Nähe von Gewässern. Fühlt sich im humosen, sauren Boden (ph-Wert 4–5,5) besonders wohl. Pflanzenkombinationen mit Zwerg-Rhododendren, Gräsern, Eriken oder spät blühenden Steinbrech-Arten wie dem Oktober-Steinbrech.

Oktober-Fettblatt
Sedum sieboldii

☀ ☀ ↑ 10-20 | IX X

Aussehen Wuchs aufrecht horstbildend, Blüten in Dolden, Einzelblüten, klein, sternförmig. Laub blaugrün, fast rund, sukkulent.
Ansprüche Benötigt gut durchlässigen Boden, wenig gießen und düngen. Nach der Blüte zurückschneiden. Aufgrund ihres hängenden Wuchses eignet sich diese sukkulente Staude hervorragend zur Bepflanzung von Ampeln oder Kübeln. Sie benötigt keinen Winterschutz und kann das ganze Jahr über im Freien bleiben und kommt auch mit einem halbschattigen Standort gut zurecht.
Sorten 'Mediovariegata', Laub gelb mit hellgrünem Laub.

Echter Gamander
Teucrium chamaedrys

 ↑ 20-30 | VII IX

Aussehen Zwergstrauch, am Grund verholzend; aufstrebende Triebe mit endständigen Blütenkerzen. Rachenblüten, quirlartig angeordnet. Laub klein, dunkelgrün, glänzend, Ränder gezähnt.
Ansprüche Bevorzugt durchlässigen, auch trockenen Boden, der kalkhaltig kein sollte. Nach der Blüte zurückschneiden, sparsam düngen und gießen. Auch für dauerhafte Trogbepflanzung geeignet.
Weitere Art Immergrüner Gamander *(Teucrium lucidrys)*. Aufrecht-buschiger, wüchsiger immergrüner Halbstrauch mit aromatischem Laub. Schön für geschnittene kleine Hecken im Bauern- oder Kräutergarten.

Schnittlauch
Allium schoenoprasum

   ↑ 20-30 V/VIII

Aussehen Aufrecht, horstbildend; röhrenförmiges, dunkelgrünes Laub. Blüten in dichten Kugeln, einzeln am Stängelende.
Ansprüche Benötigt für üppigen Wuchs genügend Wasser und Nährstoffe, regelmäßiges Schneiden für die Küche regt das Wachstum an. Sollte von Zeit zu Zeit geteilt werden. Im späten Herbst ins Haus holen, um im Winter frisches Grün zu haben, kann auf der Fensterbank stehen.
Verwendung Als Küchenkraut, intensiv duftend, Blüten locken Bienen und Schmetterlinge an.
Sorten 'Forescate', großblütig, sehr wüchsig, bis 40 cm. 'Elbe', weiße Blüten, 20 cm.

Dill
Anethum graveolens

   ↑ 50-80 VII/VIII

Aussehen Wuchs aufrecht, auch sparrig, sehr zierliche Doldenblüten an den Stängelenden, die auch nach der Samenreife noch attraktiv sind. Hellgrünes, fein gefiedertes Laub. Die gesamte Pflanze duftet aromatisch.
Ansprüche Pflanzabstand 25-30 cm. Nicht austrocknen lassen. Ernte der Blätter und jungen Triebe bereits nach sechs Wochen nach Aussaat, Dolden vor der Blüte.
Verwendung Küchenkraut, besonders für Fisch, intensiv duftend, auffallende Blätter und Blüten, einjährig. Geerntete Triebe können in Eiswürfelbehältern eingefroren werden, um immer frisches Würzkraut zu haben.

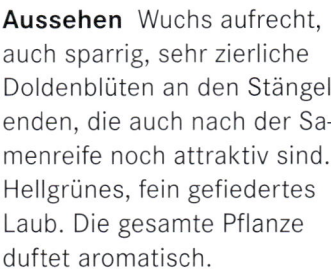

Echter Kerbel
Anthriscus cerefolium

   ↑ 35-50 VI/VIII

Aussehen Wuchs aufrecht, sparrig, feines gefiedertes Laub, Doldenblüten an den Stängelenden. Ähnelt im Aussehen dem heimischen Wiesenkerbel, aber in allen Teilen zierlicher.
Ansprüche Nährstoff- und Wasserbedarf mittel; wenig bis regelmäßig gießen, sparsam düngen, Pflanzabstand 15 bis 20 cm. Ernte im Mai, junge Triebe und Blätter, im Sommer Blüten und Samenstände (frisch verwenden).
Verwendung Als Küchenkraut, besonders für Suppen und Eintöpfe, intensiv duftend, lockt Bienen und Schmetterlinge an, einjährig.

Estragon
Artemisia dracunculus var. *sativus*

40-100 VII / VIII

Aussehen Wuchs aufrecht bis buschig; Laub schmal lanzettlich, frischgrün. In Mitteleuropa werden vorwiegend 2 Sorten angebaut: russischer und französischer Estragon. Die Blätter des russischen sind breiter als die des französischen; Letztere schmecken aromatischer, sind jedoch nur bedingt winterfest.

Ansprüche Nährstoff- und Wasserbedarf mittel bis hoch; wenig bis regelmäßig gießen, Pflanzabstand: 40 cm, Rückschnitt am besten im Herbst.Frische Triebspitzen ab Mai oder Juni bis Spätherbst, zum Trocknen vor Blüte ernten

Verwendung Küchenkraut, intensiver Geruch.

Aztekisches Süßkraut
Lippia dulcis

20-30 VII / IX

Aussehen Wuchs flachwachsend, kriechend bis überhängend. Nesselartige Blätter an kräftigen Stängeln. Winzige Lippenblüten in dichten endständigen Doldentrauben.

Ansprüche Bevorzugt nahrhaften, aber durchlässigen Boden und einen geschützten Standort. Im Winter frostfrei und unbedingt hell aufstellen; Ernte ganzjährig möglich; im Frühling bei Bedarf zurückschneiden.

Verwendung Als Süßungsmittel für Speisen und Kräutertee. Aroma und Geschmack intensiv süß. Nicht in größeren Mengen essen!

Zitronenmelisse
Melissa officinalis

50-70 VI / VII

Aussehen Wuchs aufrecht buschig; horstbildend, auch wuchernd. Runzeliges spitz ovales Laub, frischgrün. Kleine unauffällige Blüten in Ähren, lockt Bienen und Schmetterlinge an.

Ansprüche Standort am besten sonnig, warm, geschützt, Nährstoff- und Wasserbedarf mittel; wenig bis regelmäßig gießen, Pflanzabstand: 40 cm, Rückschnitt im Herbst oder zeitigen Frühjahr. Ernte ab dem Frühjahr, frische Blätter.

Verwendung Küchen-, Tee- und Heilkraut, Laub intensiv duftend.

Sorten 'Aurea', goldgelbes Laub, für den Halbschatten, 'Binsuga', besonders hoher Gehalt an ätherischen Ölen.

Minze
Mentha

☀ ☀ 💧 💧   ↑ 30-80   VII IX

❀ ❀

Aussehen Wuchs aufrecht, schnell wachsend, die meisten Arten wuchern stark. Laub graugrün bis dunkelgrün, eiförmig, Blüten in dichtblütigen Ähren; intensiv duftend, lockt Bienen und Schmetterlinge an.

Ansprüche Nährstoff- und Wasserbedarf ausgeglichen bis hoch; regelmäßig bis häufig gießen. Am besten einzeln in große Kübel pflanzen. Ernte ab dem Frühjahr, junge Blätter und Triebe.

Verwendung Als Küchen-, Tee- und Heilkraut, frisch oder getrocknet. Eine große Vielfalt an Duftrichtungen und Aromen ist im Handel erhältlich.

Art/Sorte	Aroma	Aussehen
Wasser-Minze, Bach-Minze (*Mentha aquatica*)	Pfefferminze, ohne Mentholgehalt	Blüte hellviolett, nesselblättrig
Bananen-Minze (*Mentha arvensis*, 'Banana')	Banane	Blüte blassrosa, weiche Blätter
Japanische Minze (*Mentha arvensis* ssp. *haplocalyx*)	Menthol	Blüte blassrosa, krauses Laub
Silber-Minze (*Mentha longifolia* 'Buddleia')	fruchtig-harzig	Blüte violett, dichte Blütenkolben, lanzettliches Laub
Griechische Minze, Dionysos-Minze (*Mentha*-Hybride 'Dionysos')	reines Minzaroma	Blüte purpur, Blatt lanzettlich, ausgeprägte Blattnerven
Erdbeer-Minze (*Mentha*-Hybride 'Erdbeere')	minziges Erdbeeraroma	Blüten hellviolett, kleinblättrig
Süße Limonen-Minze (*Mentha*-Hybride 'Hillary's Sweet Lemon')	süß, mit Bergamottearoma	violett, Laub breit oval, behaarte Stängel
Riesen-Apfel-Minze (*Mentha*-Hybride 'Hollandia')	sanft, Duft nach Apfel	hochwüchsig, dichte Blütenstände, runzeliges Laub
Mentuccia-Minze (*Mentha*-Hybride 'Mentuccia')	herb, mit leichtem Kümmelaroma	Blüte lila, Laub oval, glatt
Thai-Minze (*Mentha*-Hybride 'Thai Bai Saranae')	kräftiges Mentholaroma	Blüte violett, Laub stark gekräuselt, Rand rot

Wasser-Minze

Pfeffer-Minze

Dost, Oregano
Origanum

↑ 30-60 VII/IX

Rosmarin
Rosmarinus

↑ 30-120 V/VI

Aussehen Wuchs buschig, horstbildend; im unteren Bereich verholzend. Laub klein, oval, graugrün und weich behaart. Kleine Lippenblüten in endständigen kurzen Trauben; lockt Bienen und Schmetterlinge an.
Ansprüche Nährstoff- und Wasserbedarf ausgeglichen; wenig bis regelmäßig gießen, nach der Blüte zurückschneiden. Ernte ab dem Frühjahr, junge Triebe, Sprosse während der Blütezeit.
Verwendung Heil- und Küchenkraut, besonders für Kurzgebratenes, Naturkosmetik, intensiv duftend, Schnittblume.

Aussehen Wuchs aufrecht buschig; Triebe teils auch niederliegend, an den Enden aufsteigend, Verholzend. Laub dunkelgrün, Unterseite filzig, nadelförmig.
Ansprüche Benötigt einen geschützten Standort. Nährstoff- und Wasserbedarf gering; sehr wenig bis regelmäßig gießen. Im Herbst bis ins alte Holz zurückschneiden; Überwinterung: Vor dem ersten Frost Kübel in helles Winterquartier bringen. Einige Sorten können mit Winterschutz draußen verbleiben. Ernte ab dem Frühjahr, junge Triebspitzen, zum Trocknen vor der Blüte schneiden.
Verwendung Heilkraut, Naturkosmetik (Bäder), Küchenkraut, intensiv duftend.

Art/Sorte	Eigenschaften
Griechische Oregano (*Oreganum heracleoticum*)	winterhart, kleinblättrig, typisches Pizzagewürz-Aroma
Polster-Dost (*Origanum vulgare* 'Compactum')	niedrig bleibende, sehr würzige Auslese. Besonders geeignet für Töpfe und Kübel
Pfeffer-Oregano (*Origanum samothrake*)	Blüten hellrosa, polsterförmig, benötigt Schutz gegen Winternässe
Schweizer Oregano (*Origanum-*Hybride 'Aromaticum')	zierliche dekorative Blütenstände, Triebspitzen lassen sich als mildes Gewürz verwenden

Gewürz-Salbei
Salvia officinalis

40-70 | VI / VIII

Aussehen Wuchs aufrecht buschig, Halbstrauch; Laub lanzettlich bis eiförmig, silbrig behaart, weich.
Ansprüche Das Substrat sollte kalkhaltig sein; mäßig trocken bis frisch; durchlässig, sandig-lehmig. Nährstoffbedarf niedrig; wenig bis mäßig gießen. Im Herbst oder Frühjahr bis zum alten Holz zurückschneiden. Ernte vor der Blüte junge Blätter und Triebe.
Verwendung Heil-, Küchen- und Teekraut, Naturkosmetik, intensiv duftend, für bunte Beet- und Staudenpflanzung, Steingarten, lockt Bienen und Schmetterlinge an, in rauhen Lagen Winterschutz, pflegeleicht, für Einsteiger, für kleine Gärten.

Berg-Bohnenkraut
Satureja montana

10-50 | VI / VIII

Aussehen Wuchs buschig bis breit wachsend; auch Matten bildend, an der Basis verholzend. Laub immergrün. dunkelgrün, nadelförmig, in Quirlen an den Stängeln. Kleine Lippenblüten in endständigen Ähren.
Ansprüche Benötigt durchlässigen Boden und guten Wasserabzug. Leichter Rückschnitt im Frühjahr bis ins Holz. Ernte ganzjährig, junge Triebe.
Verwendung Heil-, Küchen- und Teekraut, intensiv duftend.
Sorten 'Satyrion', kräftiger Wuchs bis 50 cm, *S. montana* ssp. *illyrica,* kompakt, kräftig violette Blütenfarbe.

Thymian
Thymus

5-25 | VII / IX

Aussehen Wuchs kompakt buschig, auch kriechend und Matten bildend. Laub klein, eiförmig. Lippenblüten, in kompakten Doldentrauben an den Triebenden, locken Bienen und Schmetterlinge an.
Ansprüche Nährstoff- und Wasserbedarf gering; wenig gießen und düngen. Benötigt einen warmen geschützten Platz. Leichter Rückschnitt im Frühjahr, Erfrorene Triebe herausschneiden. Bis zur Blüte junge Triebe ernten.
Verwendung Heil-, Küchen- und Teekraut, Naturkosmetik, intensiv duftend.
Weitere Art *T. longicaulis* ssp. *odoratus,* rosa blühend, kräftiger überhängender Wuchs, sehr winterhart.

Petersilie
Petroselinum crispum

    20-40

Basilikum
Ocimum basilicum

    30-50 | VII / IX

Aussehen Wuchs rundlich, horstbildend; Laub dunkelgrün, gefiedert und stark gekräuselt. Petersilie ist zweijährig, die gelbgrünen Doldenblüten erscheinen erst im zweiten Jahr.

Ansprüche Nährstoff- und Wasserbedarf ausgeglichen bis hoch; regelmäßig bis häufig gießen, bevorzugt einen eher kühlen Standort. Empfindlich gegen Bodentrockenheit und Hitze. Für ständige Verfügbarkeit jedes Jahr aussäen. Ab Frühjahr frisches Kraut ernten, für Konservierung im Spätsommer.

Verwendung Heilpflanze, Küchenkraut, Naturkosmetik, intensiv duftend.

Aussehen Wuchs buschig bis horstartig, ältere Exemplare verholzend, strauchig. Laub spitz eiförmig, frisch grün oder graugrün. Die ganze Pflanze duftet herb.

Ansprüche Benötigt einen warmen geschützten Platz ohne zu große Hitze. Regelmäßig gießen, sowohl Trockenheit als auch Staunässe vermeiden, ausreichend düngen. Überwinterung frostfrei an einem hellen Platz, vorher bei Bedarf zurückschneiden. Junge Triebe und Blätter ernten.

Verwendung Als Küchenkraut, unentbehrlich für die Mittelmeerküche.

Sorte	Laub
'Cuba'	mittelgrün, kleinlaubig
'Pesto Perpetuo'	weiß panaschiert
'Genovese'	großblättrig, grün
'Rosso'	dunkelrot, Rand gekräuselt
'Thai'	hellgrün, schmal, Stängel violett
'Greco'	kleinblättrig hellgrün
'Chianti'	großblättrig, fast schwarz
'Cino'	dunkelgrün, großblättrig, Zimtaroma
'Serrata'	hellgrün, gekräuselt, robust

Paprika, Chili
Capsicum annuum

   ↑ 50-100 VII / IX

 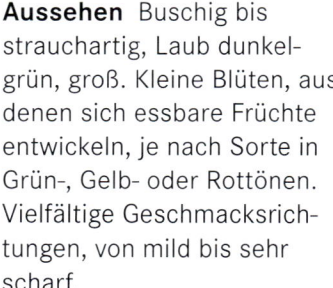

Aussehen Buschig bis strauchartig, Laub dunkelgrün, groß. Kleine Blüten, aus denen sich essbare Früchte entwickeln, je nach Sorte in Grün-, Gelb- oder Rottönen. Vielfältige Geschmacksrichtungen, von mild bis sehr scharf.
Ansprüche Paprika benötigt einen warmen geschützten Platz in voller Sonne. Regelmäßig gießen und düngen, Erde nie austrocknen lassen. Hohe Sorten müssen eventuell aufgebunden werden. Fortlaufende Ernte, wenn die Früchte reif sind.
Verwendung Roh oder gekocht, im Salat, als Gemüse, Chili auch getrocknet als Gewürz.

Erdbeere
Fragraria vesca

   ↑ 20-40 V / VI

Aussehen Buschig, Blattstängel direkt aus einem kräftigen Wurzelstock entspringend, Ausläufer treibend. Blätter dunkelgrün, dreiteilig gefiedert. Kleine Schalenblüten, meist weiß, Züchtungen auch farbig.
Ansprüche Benötigt einen sonnigen Standort und kräftigen Boden, regelmäßig düngen und gießen, sonst keine zufriedenstellende Fruchtbildung. Reife Früchte können laufend geerntet werden. Im Winter an einen geschützten Platz stellen und etwas abdecken.
Sorten 'Josee', dauertragende Monatserdbeere mit bestem Aroma; 'Camara', dauertragend, kleinfrüchtig, mit dunkelrosa Blüten.

Salat
Lactuca sativa

   ↑ 10-30

Aussehen Sehr variabel, lockere oder dichte Köpfe, Blätter löffelförmig, gekraust, gefranst oder wellig. Neben grünen auch rote und braune Blattfarbe.
Ansprüche Benötigt einen nährstoffreichen, durchlässigen Boden, regelmäßig gießen, bei Trockenheit Gefahr des Schossens, dann ungenießbar. Jungpflanzen im Frühling kaufen oder frühzeitig unter Glas heranziehen.
Verwendung Kopfsalate im Ganzen ernten, bei Pflücksalaten nach Bedarf die äußeren Blätter abschneiden.
Sorten 'Casanova', Kopfsalat, grünlaubig, besonders robust; 'Lollo Rosso', Pflücksalat mit braunen gekrausten Blättern, mild.

Tomate
Lycopersicum esculentum

    40–120 VII / X

Aussehen Buschig bis strauchartig, Laub dunkelgrün, groß. Kleine Blüten, aus denen sich essbare Früchte entwickeln, je nach Sorte in Grün-, Gelb- oder Rottönen.

Ansprüche Tomaten benötigen einen warmen geschützten Platz in voller Sonne. Regelmäßig gießen und düngen, Erde nie austrocknen lassen. Beim Gießen nie von oben überbrausen, auf regengeschützten Standort achten! Hohe Sorten müssen eventuell aufgebunden werden, kleinfrüchtige Sorten eignen sich auch für Hanging Baskets. Fortlaufende Ernte, wenn die Früchte reif sind.

Verwendung Roh oder gekocht, im Salat, als Gemüse.

Sorte	Typ	Eigenschaften
'Bistro'	Ampeltomate, kleinfrüchtig	aromatisch, süßer Geschmack, Snacktomate
'Corazon'	Stabtomate, großfrüchtig	Fleischtomate Typ Ochsenherz, süß, saftarm
'Corianne'	Stabtomate, flaschenförmige Früchte	aromatisch, zum Grillen, für Tomatenmark
'Harzfeuer'	Stabtomate, mittelgroße Früchte	robust gegen Fäule, aromatisch, platzfest
'Kalimba'	Stabtomate, großfrüchtig	aromatisch, ertragreich, schnittfest
'Tigerella'	Stabtomate, runde Früchte	alte Sorte, grünrot gestreift
'Tumbling Tom Yellow'	Ampeltomate, kleinfrüchtig	süß-aromatisch, saftig
'Vitella'	Stabtomate, mittelgroße Früchte	tolerant gegen Fäule und andere Krankheiten, aromatisch
'Yellow Pear-shaped'	Ampeltomate, kleinfrüchtig	Früchte birnenförmig, gelb
'Zebrino'	Stabtomate, kleinfrüchtig	dunkelrot mit grünen Streifen, süßer Geschmack

Andenkirsche
Physalis peruviana

 ↑ 60-100 VII/IX

Aussehen Buschig–strauch-artig, Laub dunkelgrün, groß. Kleine Blüten, aus denen sich essbare orange Früchte entwickeln, die von einer papierartigen Hülle umgeben sind.
Ansprüche Anzucht ab März auf der Fensterbank, ab Mitte Mai ins Freie. Benötigt ausreichend Wasser und Dünger. Früchte reifen am besten an einem vollsonnigen geschützten Platz. Laufende Ernte der reifen Früchte, die roh gegessen werden können. Die kirschengroßen Früchte sind reif, wenn sie sich orange färben. Der Geschmack ähnelt dem der Stachelbeere mit einem Schuss Kiwi- und Ananasaroma.
Verwendung Auch als Dekoration an Desserts schön.

Rote Johannisbeere
Ribes rubrum

 ↑ 80-150 V/VI

Aussehen Kleiner Strauch, der auch als Hochstamm herangezogen werden kann. Laub mittelgrün, handförmig gelappt. Blüten unscheinbar, daraus entwickeln sich Trauben mit zahlreichen roten Beeren.
Ansprüche Kultivierung dauerhaft nur in einem ausreichend großen Kübel, regelmäßig gießen und ausreichend düngen. Im Frühling zurückschneiden bzw. auslichten, wenn die Sträucher zu groß werden. Ernte je nach Sorte im Juni/Juli.
Verwendung Die Früchte können roh gegessen werden, aber auch im Kuchen, Kompott oder als Marmelade.
Sorten 'Rovada', großfrüchtig, gutes Aroma.

Stachelbeere
Ribes uva-crispa

 ↑ 80-130

Aussehen Kleiner Strauch, auch als Hochstamm. Laub mittelgrün, handförmig gelappt. Triebe stark bestachelt, einige moderne Züchtungen auch stachellos. Blüten unscheinbar, daraus entwickeln sich essbare Beeren.
Ansprüche Kultivierung dauerhaft nur in einem ausreichend großen Kübel, regelmäßig gießen und ausreichend düngen. Im Frühling zurückschneiden bzw. auslichten, wenn die Sträucher zu groß werden. Ernte je nach Sorte im Juni/Juli.
Verwendung Die Früchte können roh gegessen werden, vor allem aber im Kuchen, Kompott oder als Marmelade.

Apfelbaum
Malus-Spindel

↑ 80–200   IV / V

Weintraube
Vitis vinifera

↑ 150–250   VI / VII

Aussehen Säulenförmig wachsender kleiner Obstbaum, gerader durchgehender Mitteltrieb mit sehr kurzen Seitenzweigen. Blüten schalenförmig, klein, vor dem Laubaustrieb blühend.
Ansprüche In ausreichend großen Kübel pflanzen, regelmäßig gießen, im zeitigen Frühling düngen. Schnittmaß- nahmen sind nur in Ausnahmefällen nötig, wenn einzelne Seitenäste zu lang werden. Der Ertrag fällt höher aus, wenn mehrere Sorten in Reichweite stehen (gegenseitige Befruchtung), Bäume in der Nachbarschaft genügen aber auch. Ernte je nach Sorte Juli bis September, die meisten sind nicht lagerfähig.

Sorte	Reife	Frucht
'Arbat'	IX–X, sofort genussreif	gelb-orange geflammt, saftig
'Bolero'	IX–X, sofort genussreif	hellgelb, säuerlich
'Golden Gate'	IX–X, sofort genussreif	gelb mit rot, süß-sauer
'Red River'	VIII–IX, sofort genussreif	rot, süßsauer
'Waltz'	IX–X, Genussreife bis XI–I	dunkelrot, süß

Aussehen Kletternder Strauch, der sich mit Blattranken emporhangelt. Handförmig gelappte Blätter, frischgrün, viele Sorten mit schöner roter Herbstfärbung. Blüten unauffällig, daraus entwickeln sich dichte Trauben mit essbaren Beeren.
Ansprüche Benötigt einen vollsonnigen, geschützten Platz an der Hauswand, einen ausreichend großen Kübel und eine Kletterhilfe. Im zeitigen Frühling bei Bedarf zurückschneiden oder auslichten, regelmäßig gießen, sparsam düngen. Im Winter bei Frost den Kübel einpacken, um ein Durchfrieren zu verhindern. Ernte je nach Sorte September bis Oktober, zum Frischverzehr.

Kolbenblütiger Kalmus
Acorus calamus

Japan-Segge
Carex morrowii

Blau-Schwingel
Festuca cinerea

Aussehen aufrechte Stängel mit grundständigem Blattschopf. Kalmus ist stark wachsend und hat einen kriechenden Wurzelstock. Laub schmal und schwertförmig zugespitzt, grundständig und sommergrün. Blütenstand ist zylindrisch-walzenförmig, ziemlich unscheinbar.
Ansprüche Kalmus wächst am moorigen Teichrand und im Flachwasserbereich –30 cm Wassertiefe, sehr hoher Nährstoffbedarf.Substrat lehmig bis lehmig-sandig, anspruchslos. Vermehrung durch Abtrennen der unterirdischen Rhizome. Überwinterung ohne Schutz, winterhart. Etwas wuchernd, daher im Miniteich nur einzeln ohne Pflanzpartner verwenden.

Aussehen dichte halbrunde Horste, im Laufe der Jahre sehr breit wachsend. Laub dunkelgrün, steif mit bogig überhängenden Enden. Gelbe Blütenähren in den Blattschöpfen, unauffällig.
Ansprüche Auf humosem, idealerweise frischem Boden, versagt an trockenen Standorten, empfindlich gegen Wintersonne. In diesem Fall locker mit Nadelreisig abdecken. Im Frühling vor dem Neuaustrieb zurückschneiden.
Sorten 'Variegata', besitzt schmale weiße Randstreifen; 'Gilt', intensivere Panaschierung, wächst schwächer; Carex morrowii ssp. foliosissima 'Ice Dance', cremeweiße, auffällige Streifen.

Aussehen Halbkugelige, kompakte Horste. Blatt schmal, blaugrün, sehr fein. Blütenstände zierlich, Ripsen auf drahtigen Halmen über den Blatthorsten schwebend.
Ansprüche Sonnige warme Plätze, benötigt durchlässige, auf keinen Fall zu nährstoffreiche Böden. Verwendung am besten als Dauerpflanzung im Trog.
Sorten 'Azurit' fällt durch besonders blaues Laub auf; 'Blauglut' hat tiefblaue Horste, die stark bereift sind; 'Harz' besitzt blaues Laub mit rötlichen Spitzen; 'Silbersee' wächst kompakter und schwächer, silberblaues Laub; 'Pic Carlit', frischgrün, robuste neue Sorte.

Japan-Waldgras
Hakonechloa macra

Schlangenbart
Ophiopogon planipes

Purpur-Federborstengras
Pennisetum setaceum

Aussehen Wuchs breit überhängend, Matten bildend durch kurze Ausläufer. Laub frischgrün, elegant überhängend. Herbstfärbung rötlich. Zierliche Blütenrispen zwischen dem Laub, relativ unauffällig.

Ansprüche Halbschattig bis schattig, bevorzugt kühle Standorte mit humosen frischen Böden. Regelmäßig gießen. Zur Unterpflanzung von kleinen Gehölzen, auch in Kombination mit Farnen und Funkien *(Hosta)*.

Sorten 'Aureola' besitzt gelbgrün gestreiftes Laub; 'Albostriata' wächst kräftiger und hat grünes Laub mit schmalen weißen Streifen.

Aussehen Wuchs horstbildend, Ausläufer treibend; linealisches, grasartiges Laub, wintergrün. Blüten in dichten Trauben, auf drahtigen Stängeln über dem Laub. Schlangenbart ist wohl eine der schönsten Blattschmuckstauden für den schattigen Bereich.

Ansprüche Standort halbschattig bis schattig, lockerer, humoser, leicht feuchter Boden. Winterhärte gut, evtl. leichter Winterschutz.

Sorten 'Nigrescens', braunes, fast schwarzes Laub. Die tiefschwarzen Blätter dieses Schlangenbarts bilden einen tollen Kontrast zu den violettrosafarbenen Blüten, die im Hochsommer erscheinen.

Aussehen Wuchs aufrecht horstbildend mit elegant überhängenden Halmen, Breite 60 cm. Laub schmal, mittelgrün. Bogig überhängende fedrige Blütenähren, rosa–violett gefärbt. Als Solitär in Töpfen sehr wirkungsvoll.

Ansprüche Sonniger, geschützter Standort, alle trockenen bis mäßig frischen Böden. Regelmäßig gießen, aber mäßig düngen. Besonders im Winter vor Nässe schützen, unter Umständen den Boden vor dem Pflanzen mit Sand abmagern. Im Frühling vor dem Neuaustrieb zurückschneiden.

Sorten 'Rubrum' besitzt dunkel purpurviolettes Laub.

Kriechender Günsel
Ajuga reptans

Aussehen Wuchs polsterförmig bis kriechend, dunkel- bis olivgrünes Laub, einige Sorten auch bunt panaschiert, kleine Rachenblüten in dichten endständigen Ähren. Schöne Laubstrukturpflanze für herbstliche Kästen und Kübel, vor allem in Kombination mit Gräsern.
Ansprüche Nährstoff- und Wasserbedarf mittel bis hoch; regelmäßig bis häufig gießen. Eignet sich auch gut für eine Dauerbepflanzung im Trog, schöner Bodendecker unter Zwerggehölzen.
Sorten 'Burgundy Glow', Laub rötlich mit weißer Panaschierung; 'Mahagony', braunrotes Laub; 'Catlins Giant', Laub olivgrün bis purpurrot.

Gundermann
Glechoma hederacea

Aussehen Wuchs kriechend, teppichbildend; überhängend, mit bis zu 60 cm langen Trieben. Laub frischgrün, nierenförmig mit gebuchtetem Rand. Violette Lippenblüten.
Ansprüche Boden frisch bis feucht; humos, sandig-lehmig; Nährstoffbedarf mittel; regelmäßig gießen. Staude, kann auch für dauerhafte Kübelbepflanzungen verwendet werden. Pflegeleicht, kann zum Wuchern neigen. Lässt sich auch als Wildkraut verwenden, die jungen Blätter eignen sich als Zutat im Salat oder auch im Pesto.
Sorte 'Variegata', Blätter mit weißem Rand.

Efeu
Hedera helix

Aussehen Wuchs flach wachsend bis kletternd, teils mit Haftwurzeln; nur alte Pflanzen blühen; schwarze Beerenfrüchte, kugelig erbsengroß, giftig; Glänzend dunkelgrünes Laub, immergrün, Form variabel, auch viele panaschierte Sorten.
Ansprüche Bei Bedarf zurückschneiden; winterharte Sorten können im Kübel bleiben, nicht winterharte frostfrei, aber kühl überwintern. Regelmäßig gießen, gelegentlich düngen. Zur Wandbegrünung oder überhängend in Kästen und Kübeln, als Dauerpflanzung geeignet.
Sorten 'Congesta', schwachwüchsige Zwergform; 'Humpty Dumpty', zwergige Altersform.

Purpurglöckchen
Heuchera-Hybriden

Aussehen Wuchs kompakt buschig, horstbildend; Laub handförmig, bebuchtet; Züchtungen in vielen Laubfarben erhältlich, von grün über gelb bis purpur. Kleine Blüten in lockeren Rispen auf drahtigen Stängeln.
Ansprüche Nährstoff- und Wasserbedarf mittelhoch; regelmäßig gießen. Altes Laub vor Neuaustrieb im Frühling zurückschneiden. Verwendung als Dauer- und Herbstbepflanzung,.
Sorten 'Cappucino', braune, stark gewellte Blätter; 'Caramel', orange bis karamellfarbene Blätter; 'Purple Petticoats', Blattoberseiten purpur, Unterseiten violett.

Funkie
Hosta-Hybriden

Aussehen Wuchs aufrecht horstartig, Laub herzförmig, auch lanzettlich bis löffelförmig, je nach Sorte grün, blaugrün, gelb oder weiß panaschiert, sehr variabel. Trichterblüten in Trauben, Stängel über dem Laub.
Ansprüche Regelmäßig gießen, ausgewogen düngen. Ansonsten völlig pflegeleicht, frosthart, die idealen Stauden für Dauerbepflanzung. Vorsicht Schnecken!
Sorten 'Abby', klein bleibende Sorte, frisch grünes Laub mit gelbem Rand, 20 cm; 'Blue Cadet', breite blaugrüne Blätter, 30 cm; 'Fire and Ice', herzförmige weiße Blätter mit breitem grünen Rand, 40 cm; 'Gold Edger', gelbgrünes Laub, schmalblättrig, 40 cm.

Süßkartoffel
Ipomoea batata

Aussehen Sehr dekorative Strukturpflanze mit herzförmigen Blättern. Halbhängender Wuchs, daher ideal für Balkonkästen, in hängenden Pflanzkörben und Kübeln. Gute Eignung auch als Bodendecker und als Unterpflanzung von Hochstämmchen in Kübeln.
Ansprüche Bevorzugt einen sonnig-halbschattigen Standort. Normal feucht halten, regelmäßig gießen. Beim Pflanzen Langzeitdünger in die Erde einbringen und bei Bedarf flüssig nachdüngen.
Sorten 'Black Tone', violettbraunes Laub; 'Blacky', braunes Laub, handförmig gelappt; 'Marguerite', grüngelbes, fast pfeilförmiges Laub.

Iresine
Iresine herbstii

20-40

Sommerzypresse
Kochia scoparia

30-100

Kriechendes Pfennigkraut
Lysimachia nummularia

5-10 | V / VII

Aussehen Die verzweigten Triebe sind auffällig rot gefärbt. Laub besitzt karminrote bis pinkfarbene Adern auf purpurrotem Grund, Blattunterseite pink gefärbt. Für eine gute Verzweigung Triebe entspitzen. Bei intensiver Sonne besonders schöne Blattfärbung.
Pflege Schwach saure Erde. Während der Wachstumszeit alle zwei Wochen mit flüssigem Dünger versorgen. Vermehrung durch Stecklinge. Sobald die Triebe die Länge von 6–10 cm erreicht haben, bewurzeln sie in normaler Blumenerde oder in Wasser.
Sorten 'Aureireticulata', hellgrüne Blätter mit gelber Äderung; 'Brillantissima', ist kastanienbraun gefärbt.

Aussehen Aufrecht, buschig, kompakt oval-kugelig. Erinnert im Aussehen an eine kleine Konifere; Laub hellgrün, nadelförmig. Blüten, wenn sie überhaupt erscheinen, unscheinbar.
Pflege Durchlässiger, nicht zu nährstoffreicher Boden, regelmäßig gießen. Aussaat im März/April. Die Sommerzypresse ist wärmeliebend und frostempfindlich, daher erst Mitte Mai ins Freiland setzen. Sie vertragen Rückschnitt gut und können als niedrige Hecke in Form geschnitten werden.
Sorten 'Trichophylla', verfärbt sich im Herbst leuchtend rot; 'Childsii', grün bleibend.

Aussehen Wuchs flach, kriechend, teppichbildend, schnell wachsend; bis 50 cm in die Breite wachsend. Hellgrünes Laub, Blätter rundlich-herzförmig; Blüten schalenförmig
Pflege Nährstoff- und Wasserbedarf mittel bis hoch; regelmäßig bis häufig gießen. Pflegeleicht, bei Bedarf zurückschneiden. Zur Unterpflanzung von Kübeln und Töpfen, Ampeln und Hanging Baskets; kann stark wuchern, da sich die niederliegenden Triebe leicht bewurzeln. Schön für dauerhaft bepflanzte Tröge im Schatten.
Sorten 'Aurea' hat leuchtend goldgelbes Laub, verträgt keine volle Sonne.

Weihrauch, Harfenstrauch
Plectranthus forsteri

Aussehen Wuchs niederliegend bis überhängend; 50 cm breit, oft auch mehr, lange Triebe überhängend; Laub weißgrün panaschiert, dreieckig, runzelig.
Pflege Substrat schwach sauer bis neutral; frisch; sandig-humos; Nährstoffbedarf mittel; regelmäßig ausreichend gießen. Entspitzen langer Triebe im Austrieb fördert kompakten Wuchs. Mehrjährige, stark duftende Blattschmuck-Balkonpflanze, dekorative Ampelbepflanzung, für Lücken- und Unterpflanzungen, auffallendes Laub. Sehr pflegeleichte Pflanze. Der Geruch soll angeblich Mücken fernhalten.

Silberblatt
Senecio bicolor

Anderer Name Greiskraut
Aussehen Wuchs aufrecht buschig, 20–50 cm breit, Laub silbergrau bis silberblau, filzig behaart, Blüten erscheinen erst im zweiten Jahr, wird als Blattschmuckpflanze verwendet.
Pflege Substrat neutral, ausgeglichen; frisch; sandig-humos bis lehmig; Nährstoffbedarf mittel bis hoch; regelmäßig und ausreichend gießen. Überwinterung an hellem, kühlen Standort im Haus möglich, wird aber meist einjährig verwendet. Pflegeleichte Pflanze, auch für herbstliche Kübelbepflanzungen zu verwenden, zum Beispiel mit Heidekraut.

Buntnessel
Solenostemum scutellaroides

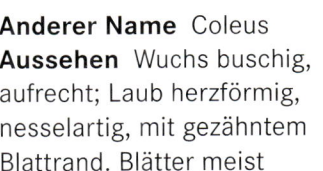

Anderer Name Coleus
Aussehen Wuchs buschig, aufrecht; Laub herzförmig, nesselartig, mit gezähntem Blattrand. Blätter meist mehrfarbig, weiß, gelb, braun panaschiert.
Pflege Substrat humos, frisch, feucht; regelmäßig gießen und düngen. Junge Triebe entspitzen, um einen buschigen Wuchs zu fördern. An hellen Standorten bildet sich die Blattzeichnung besser heraus, aber vor direkter Sonneneinstrahlung schützen. Ab August Stecklinge für die Überwinterung schneiden.
Sorten 'Pineapple', gelbgrün mit roten Flecken. 'Quarterback', hellgrün mit roten Sprenkeln. 'Ruffles', rotbraun mit grünem Rand.

Schönmalve
Abutilon-Hybriden

Aussehen Buschig bis
aufrecht-verzweigt, häufig
auch als Hochstämmchen
angeboten. Laub dunkelgrün,
Grundform dreieckig, gebuchtet und gezähnt. Blüten glockenförmig, mit auffälligem
Fruchtknoten, sehr auffällig.
Ansprüche Hoher Wasser-
und Nährstoffbedarf, regelmäßig düngen. Benötigt einen geschützten Platz, bei zu
starker Luftbewegung kommt
es zu Laubfall. Junge Pflanzen
kräftig zurückschneiden, um
einen buschigen Wuchs zu
erzeugen. Überwinterung
frostfrei bei max. 10 °C, dabei wenig gießen. Vorher Triebe um die Hälfte einkürzen.

Schmucklilie
Agapanthus-Hybriden

Aussehen Buschig horstbildend, aus dem kräftigen
Wurzelstock wachsen pfrie-
menförmige, mittelgrüne
Blattschöpfe, Blüten in kuge-
ligen Dolden, auf kräftigen
Stängeln hoch über dem
Laub.
Ansprüche Bevorzugt einen
vollsonnigen geschützten
Standort; regelmäßig gießen,
ausreichend düngen. Das
Laub mancher Arten zieht im
Herbst völlig ein, Vergilbtes
und Vertrocknetes abschneiden. Überwinterung frostfrei,
auch dunkel wenig gießen.
Immergrüne Arten frostfrei
und hell bei max. 10 °C
überwintern. Alle 2–3 Jahre
umtopfen.

Erdbeerbaum
Arbutus unedo

Aussehen Sparriger, nur
wenig verzweigter Strauch,;
Laub dunkelgrün, spitz oval,
ledrig, immergrün. Blüten
klein, unauffällig, Früchte
bei Reife rot, kugelig, in Büscheln; essbar, aber nicht
besonders schmackhaft.
Ansprüche Als junge Pflanze regelmäßig stutzen, um
eine bessere Verzeigung zu
erwirken; später nur auslichten. Benötigt einen geschützten Standort ohne Wind.
Gleichmäßig gießen, Ballen
nie austrocknen lassen. Düngung vom Frühjahr bis zum
Frühherbst mit Flüssigdünger. Überwinterung hell bei
5–12 °C.

Aukube
Aucuba japonica

Bougainvillee
Bougainvillea-Hybriden

Engelstrompete
Brugmansia suaveolens

Aussehen Buschig verzweigter Strauch, Laub immergrün, spitz oval, glänzend, ledrig. Blüten unscheinbar, dekorative rote Beerenfrüchte.

Ansprüche Standort halbschattig bis schattig, nicht zu heiß und sonnig, sonst verbrennen die jungen Triebe (braune Blattflecken). Während der Vegetationszeit maßvoll gießen und alle 14 Tage düngen. Im Winter Ballen leicht feucht halten. Junge Pflanzen im Spätwinter in Form stutzen. Zu groß geratene Pflanzen kann man im Spätwinter bis ins alte Holz zurückschneiden. Überwinterung: Hell, kühl, auch leichter Frost wird vertragen.

Sorte 'Crotonifolia', mit gelb gesprenkeltem Laub.

Aussehen Wuchs buschig verzweigt, mit Kletterhilfe (Spalier) auch bedingt klimmend. Laub dunkelgrün, breit lanzettlich. Blüten auffällig, leuchtendes Magenta, hat eine unübertroffene Fernwirkung. Zahlreich entlang der Triebe.

Ansprüche Benötigt einen warmen geschützten Platz. Während der Sommermonate reichlich gießen und düngen. Überwinterung hell, kühl bei max. 10 °C, dabei mäßig gießen, aber nicht austrocknen lassen. Vor der Winterpause kräftig zurückschneiden. Verliert während der Überwinterung einen Teil des Laubs.

Aussehen Wuchs aufrecht strauchförmig, 1–2,5 m breit, mit großen eiförmigen, mittelgrünen Blättern. Blüten trompetenförmig, duften in der Dämmerung.

Ansprüche Nährstoff- und Wasserbedarf sehr hoch, reichlich gießen und regelmäßig düngen. Vor der Überwinterung Krone auf die Hälfte bis zwei Drittel zurückschneiden, bei starkem Rückschnitt verspätet sich die Blüte im Folgejahr. Überwinterung: bei mindestens 5–7 °C an einem hellen Standort. Verwendung als Solitär; wunderschöne Blüten und eindrucksvoller Wuchs. Vorsicht, alle Pflanzenteile sind stark giftig!

Zylinderputzer
Callistemon citrinus

Aussehen Sparrig verzweigter Strauch, Laub lanzettlich,
mittelgrün, ledrig, immergrün. Blüten auffällig durch
die leuchtend roten Staub-
blätter, die Blüte erinnern an
kleine Flaschenbürsten.
Ansprüche Nährstoffbedarf
mittel. Nur mit weichem Regenwasser gießen, Staunässe
vermeiden. Wiederholtes
Stutzen von Mai bis Juli führt
zu buschigem Aufbau. Ältere
Pflanzen nur noch bei Bedarf
auslichten. Der Rückschnitt
sollte dann nach der Blüte erfolgen, da die Blütenanlagen
noch im gleichen Jahr für das
nächste Jahr gebildet werden.
Überwinterung hell und kühl,
bei max. 7 °C, dabei mäßig
gießen. Alle 2–3 Jahre umtopfen.

Canna, Blumenrohr
Canna indica

Aussehen Knollengewächs,
eintriebig. Große tropisch
anmutende Blätter entfalten
sich um den kräftigen Stängel herum. Einige Sorten
besitzen auffallendes ge-
streiftes Laub. Blüten in endständigen Trauben, auffällig,
ähnlich Orchideenblüten.
Ansprüche Wasser- und
Nährstoffbedarf hoch, regelmäßig gießen, aber Staunässe vermeiden. Überwinterung
frostfrei, nach dem ersten
Frost im Herbst Laub zurückschneiden und die Knollen
wie Dahlien in eine Kiste mit
feuchtem Sand oder Mulch
legen. Ab Februar die Knollen
eintopfen und wärmer stellen, ab Mai ins Freie.

Hammerstrauch
Cestrum elegans

Aussehen Lockerer Strauch
mit überhängenden Blüten-
zweigen. Laub dunkelgrün,
lanzettlich, immergrün. Blüten röhrenförmig, in Büscheln
an den Zweigenden, sehr
lange haltbar.
Ansprüche Während der
Sommersaison hoher Was-
serbedarf, aber Staunässe
vermeiden. Mittlerer Nährstoffbedarf, am besten
flüssig düngen. Ab August
nicht mehr düngen. Überwinterung hell und kühl bei max.
12 °C. Sparsam gießen, aber
Wurzelballen nicht austrocknen lassen. Triebe vor der
Überwinterung auf die Hälfte
zurückschneiden. Alle 2 Jahre
umtopfen.

Zwergpalme
Chamaerops humilis

     150–300 | III IV

Zitrusbäumchen
Citrus-Arten und -Sorten

   60–150 | III X

Aussehen Langsam wachsende Schirmpalme. Der Stamm ist mit braunen Fasern bedeckt. Blätter dunkelgrün, sehr steif und widerstandsfähig. Die Blattstiele sind bedornt. Meistens bildet eine Pflanze mehrere Stämme aus, die dicht nebeneinanderstehen.

Ansprüche Robust, verträgt sengende Hitze im Sommer genauso gut wie Trockenheit. Nur mäßig gießen. Ältere Exemplare ertragen Temperaturen knapp unter –10 °C, wobei diese Temperatur nicht für die Wurzeln gilt: Sie müssen z.B. mit Luftpolsterfolie und einem untergelegten Styroporblock warm gehalten werden. Bei 5 °C überwintern.

Aussehen Wuchs strauchartig, verzweigt, Laub oval, dunkelgrün, ledrig, immergrün. Blüten trichterförmig, duftend, erscheinen oft zur gleichen Zeit an der Pflanze wie die Früchte.

Ansprüche Liebt sonnigen Standort ohne stehende Mittagshitze. Mäßig gießen, Staunässe vermeiden. Von April bis September mit Zitruspflanzendünger düngen, um Eisenmangel (Chlorose) vorzubeugen. Überwinterung idealerweise bei ca. 10 °C an einem hellen Ort, nicht austrocknen lassen.

Art	Eigenschaften
Bitterorange, Pomeranze (*Citrus aurantium*)	orange, zitronenförmige Früchte, runzelige Oberfläche
Zitrone (*Citrus limon*)	Gelb, auch orange Sorten; längliche Früchte, Blüten duften angenehm
Mandarine (*Citrus reticulata*)	Orange, runde kleine Früchte, reifen leicht aus, reich tragend
Orange, Apfelsine (*Citrus sinensis*)	Orange, runde große Früchte, reifen bei uns meist nicht aus, Zierpflanze
Calamondin (× *Citrofortunella microcarpa*)	orange, kleine ungenießbare Früchte, pflegeleicht, auch für Anfänger

Korallenstrauch
Erythrina crista-galli

   ↑ 100-150   VII IX

Aussehen Wuchs locker strauchförmig; bis 1,5 m breit, Blüten leuchtend rote Schmetterlingsblüten in dichten Trauben. Mittel- bis bläulich grünes Laub, Laubabwurf im Winter.
Ansprüche Nährstoff- und Wasserbedarf mittel bis hoch; regelmäßig gießen. Zu dicht wachsende Äste im Winter nach dem Eintrocknen der Blütentriebe herausschneiden. Überwinterung frostfrei bei 5 °C, Ruheperiode nach Laufabwurf, dabei trocken halten, dunkle Überwinterung möglich. Interessante Blüten und Hülsenfrüchte. Die gesamte Pflanze giftig.

Feige
Ficus carica

  ↑ 150-300   VI VII

Aussehen Wuchs sparrig verzeigt, strauch- bis baumartig, in südlichen Ländern bis 6 m hoch. Laub dunkelgrün, handförmig gelappt, sehr groß.
Ansprüche Substrat durchlässig und leicht sauer, bei größeren Pflanzen auch lehmig. Wasserbedarf abhängig von der Anzahl der Blätter und als gering bis mittel zu bezeichnen. Das Wasser darf nicht zu kalkhaltig sein. Temperatur während der Wachstumsphase warm. Die Überwinterung sollte nicht zu kühl (über 10 °C) erfolgen. Ausgepflanzte Feigen, die im Winter bis zum Boden heruntergefroren sind, treiben oft aus den Wurzeln wieder aus.

Hibiskus
Hibiscus rosa-sinensis

    ↑ 150-200   VI X

Aussehen Wuchs sparrig verzweigt, wird auch gern als Hochstamm gezogen. Blätter glänzend dunkelgrün, elliptisch mit gezähmtem Rand und zwischen 5 und 10 cm lang. Blüten, die einzeln den vordersten Blattachseln entspringen, mit einem Durchmesser von 10 cm, besitzen eine auffallend lange Staubblattsäule.
Ansprüche Viel Licht aber keine Mittagssonne, Wärme, in der Wachstumsphase wöchentlich düngen; Überwinterung hell bei 12–14 °C. Vermehrung über Aussaat, Stecklinge oder Veredelung. Regelmäßig gießen, der Ballen darf nicht austrocknen.

Jasmin
Jasminum polyanthum

Wandelröschen
Lantana-Camara-Hybriden

Lorbeer
Laurus nobilis

Aussehen Kletterstrauch, blattabwerfend und unempfindlich, mit dünnen, kletternden oder herunterhängenden Ästen, Blätter unpaarig gefiedert, oval, dunkelgrün, glänzend und wachsartig. Im Frühling in den Blattachseln traubige Blütenstände mit sternförmigen Blüten, die sehr stark duften.

Ansprüche Junge Pflanzen viel gießen, ältere weniger. Zeitweise Trockenheit wird vertragen. Durchlässiges Substrat, sparsam düngen. Standort hell und sonnig, windgeschützt; verträgt normalerweise kurze Kälteperioden, Temperaturen sollen nicht unter –5 °C für zu lange Zeit sinken. Überwinterung kühl, auch dunkel.

Aussehen Wuchs buschig verzweigt, oft auch als Hochstämmchen; Laub breit lanzettlich, dunkelgrün, runzlig. Blüten in halbkugeligen Dolden, vom Erblühen bis Verblühen die Farbe wechselnd.

Ansprüche Nicht besonders anspruchsvoll, verträgt volle Sonne oder Halbschatten, sogar Schatten, blüht dann aber nicht so üppig. Boden mäßig feucht, keine Staunässe in Übertöpfen oder auf Untersetzern. Zum Gießen nur abgestandenes Wasser oder Regenwasser verwenden. Besonders in der Wachstumsphase der Pflanze mäßig düngen. Überwinterung hell bei mindestens 10 °C, nur mäßig gießen.

Aussehen Wuchs dichttriebig, gut für den Formschnitt geeignet; Laub spitz oval, mittelgrün, ledrig, immergrün. Blüten trichterförmig, relativ unscheinbar. Oft als Hochstämmchen angeboten.

Ansprüche Substrat mit gebrochenem Blähton vermischen; Wasserbedarf mäßig, bis die Erde bis zum Topfboden durchfeuchtet wird,. Erneut erst wässern, wenn der Ballen abgetrocknet ist. Nährstoffbedarf ist mäßig, düngen April bis September alle 2 Wochen. Überwinterung hell und kühl, bis 10 °C, sparsam gießen. Schnitt im April/Mai, dabei nicht die Blätter durchtrennen, sondern immer die Zweige zwischen dem Laub kappen.

Südseemyrte
Leptospermum scoparium

Enzianstrauch
Lycianthes rantonetii

Mandeville
Mandevilla sanderi

Aussehen Kleiner dichter Strauch mit feinen Zweigen. Laub dunkelgrün, schmal, fast nadelförmig, immergrün. Blüten klein, mit fünf Blütenblättern, mit dunkler Blütenmitte, zahlreich an den Zweigen entlang.
Ansprüche Während der Vegetationszeit reichlich gießen und alle 2 Wochen düngen. Achten Sie unbedingt auf eine konstante Feuchtigkeit. Die Pflanzen vertragen weder Staunässe noch Trockenheit. Die Pflanzen färben sich braun und erholen sich nicht mehr. Im Winter den Ballen leicht feucht halten. Überwinterung frostfrei und hell, bei 5–15 °C.
Sorte 'Red Damask', dunkelrote Blüten.

Anderer Name Blauer Kartofelbaum
Aussehen Buschiger Strauch, durch Rückschnitt noch kompakter; Laub mittelgrün, spitz oval; Blüten tellerförmig, Kartoffelblüten sehr ähnlich.
Ansprüche Benötigt im Sommer reichlich Wasser und sollte auch flüssig nachgedüngt werden. Vor der Überwinterung und auch vor dem Ausräumen nicht zu stark zurückschneiden. Zu starker Rückschnitt bewirkt, dass die Pflanzen oftmals erst im August das Blühen beginnen. Die Überwinterung hell bei 5–10 °C. Die Pflanzen sollten alle 2–3 Jahre umgetopft werden.

Aussehen Wuchs strauchartig, auch kletternd, benötigen dann Stützen. Laub oval, dunkelgrün, glänzend und immergrün. Blüten trompetenförmig, sehr aufallend und von exotischer Wirkung.
Ansprüche Bevorzugt humoses Substrat; Langzeitdünger fördert die Blühwilligkeit, der Nährstoffbedarf ist hoch. Rückschnitt, auch in das mehrjährige Holz, wird gut vertragen. Die Mandeville ist sehr unempfindlich und blüht bis spät in den Herbst hinein. Regelmäßige Wassergaben sind wichtig, da das Blattwerk viel verdunstet. Im Spätherbst ins Haus zur Überwinterung holen. Temperaturen von 5–10 °C sind ausreichend.

Oleander
Nerium oleander

   ↑ 150-200 VI / IX

Olivenbaum
Olea europaea

   ↑ 100-300 VI / VII

Aussehen Wuchs locker aufrecht bis ausladend; 1–3 m breit. dunkel- bis graugrünes Laub, lanzettlich. Blüten trichterförmig, einfach, halb gefüllt und gefüllt blühende Sorten.

Ansprüche Nährstoff- und Wasserbedarf: mittel bis hoch; regelmäßig bis häufig gießen, besonders hoher Wasserbedarf im Sommer. Zu dicht gewachsene Triebe im zeitigen Frühjahr auslichten; alte Blütenstände nicht entfernen, da hier im nächsten Frühjahr neue Knospen austreiben. Überwinterung: bei 5–10 °C an einem gut gelüfteten, hellen Standort. Alle Pflanzenteile sind giftig.

Sorten 'Alsace', weiß, Kospen rosa, robust; 'Calypso', rosarot, großblütig, kältetolerant; 'Hardy Red', purpurrosa, rundliche Blüten, robust; 'Isle of Capri', hellgelb, sternförmige Blüten; 'Louis Pouget', reinrosa, gefüllt, starkwüchsig; 'Madame Leon Blum', aprikosenrosa, schlanke Blüten; 'Pink Beauty', kräftig rosa, Dauerblüher, robust; 'Rosa Bartolili', dunkelrosa, schlanke Blüten, robust; 'Soeur Agnes', weiß, starkwüchsig, robust.

Aussehen Langsam wachsender, im Alter oft knorriger Baum mit silbergrauer Rinde. Blätter lanzettförmig, graugrün, silbrig schimmernd; mit unscheinbaren Blüten. Beliebt wegen seines mediterranen Flairs. Olivenbäume werden max. 15 m hoch und wachsen extrem langsam.

Ansprüche Das Substrat sollte sehr durchlässig sein, bei größeren Pflanzen auch mit höherem Ton- oder Lehmanteil. Sandige Böden sind optimal. Wasserbedarf eher gering. Olivenbäume vertragen kurzzeitige Trockenheit, aber keine Staunässe. Überwinterung hell und kühl, bei 2–10 °C, dabei sparsam gießen.

Passionsblume
Passiflora caerulea

↑ 150-300   V/IX

Aussehen Kletterpflanze, die eine Höhe von mehreren Metern erreichen kann. Blüten mit einem Durchmesser von ca. 8 cm. Die äußeren Deckblätter umhüllen ringförmig angeordnete fadenförmige Blütenblätter, die wie ein Strahlenkranz aussehen. Blätter dunkelgrün, lanzettlich, in Fiedern, immergrün; riechen, wenn man sie berührt, nach Erdnüssen.

Ansprüche Passionsblumen benötigen relativ viel Wasser, Substrat sollte in der Wachstumsperiode immer leicht feucht sein. Wöchentlich mit Volldünger düngen. Im Winter nur wenig gießen. Überwinterung hell bei max. 10 °C, verträgt auch einige Minusgrade.

Art/Sorte	Aussehen	Winterhärte
Passiflora caerulea	weiß mit blauem Kranz, innen dunkelpurpur, Ø 7-9cm	bis -15°C
Passiflora caerulea 'Pierre Pomie'	weiß mit kräftig altrosafarbenem Zentrum, Ø 7-9 cm	bis -12°C
Passiflora incarnate var. alba	weiß, schmale Blütenblätter nach hinten gebogen Ø bis 7 cm	bis -15°C
Passiflora tucumanensis	hängende weiße Blüten mit einem violett und weiß gebändertem Strahlenkranz, Ø 6 cm	bis -10°C
Passiflora 'Clear Sky'	blau, weiß, innen dunkelpurpur, Ø 9-12 cm	bis -15°C
Passiflora 'Ely'	weiß, Strahlenkranz an der Spitze hellviolett, in der unteren Hälfte dunkelpurpur, Ø 8 cm	bis -10°C
Passiflora 'Guglielmo Betto'	weiß mit violett und weiß gebändertem Strahlenkranz, Ø 8 cm	bis -10°C
Passiflora 'Incense'	dunkelviolett, Ø 10 cm, duftend!	bis -8°C
Passiflora 'Jana'	weiß, dunkelblaue Strahlen, innen dunkelpurpur, Ø 7 cm	bis -12°C
Passiflora 'Petra'	hell violett bis weiß, innen dunkelblau Ø 7-8 cm, reich blühend	bis -12°C
Passiflora 'Silvie'	hellpurpur, Strahlenkranz violett, weiß und kräftig purpur, Ø 9-10 cm	bis -8°C

'Kaiserin Eugenie'

Rote Passionsblume

Kanarische Dattelpalme
Phoenix canariensis

    100-300

Zwerg-Dattelpalme
Phoenix roebelenii

   50-200

Aussehen Gefiederte, mittelgrüne Wedel, die die Krone über einem rauen graubraunen Stamm bilden. Typische Erscheinung einer Palme. Blüten unscheinbar, Früchte goldgelb, in Trauben oberhalb des Stamms, ungenießbar.
Ansprüche Substrat durchlässig und leicht sauer, älteren Exemplaren genügt auch reine Gartenerde. Wasserbedarf ist mittel bis hoch, im Sommer über reichlich gießen. Im Winter darf nur schwach gegossen werden. Standort bevorzugt sehr hell mit intensiver Sonneneinstrahlung. Zur Überwinterung einräumen, wenn die Nachttemperaturen unter 0 °C liegen. Überwinterung bei 5–10 °C.

Aussehen Fiederblätter mittelgrün und viel graziler und weicher als bei den größeren Arten. Stammoberfläche erinnert an eine unreife Ananas und ist im oberen Teil mit Fasern bedeckt. Früchte ungenießbar.
Ansprüche Benötigt einen sehr hellen Standort, verträgt pralle Mittagssonne jedoch nur nach längerer Gewöhnung. Verträgt kurzzeitig leichten Frost, sollte aber bei mindestens 10 °C hell überwintert werden. Im Winterquartier auf ausreichende Luftfeuchtigkeit achten, sonst Gefahr von Spinnmilbenbefall.
Vermehrung Wer Dattelpalmen aus Samen heranziehen möchte, sollte für die Keimung im Frühling einen sehr warmen Platz wählen. Die Samen werden 1–2 cm tief in die Erde gesteckt und stets feucht gehalten. Nach der Keimung des Palmensamens erscheint ein ungeteiltes Keimblatt. Bis zur Ausbildung der ersten gefiederten Wedel der Palme können 2–3 Jahre vergehen.
Phoenix roebelenii bildet gerne seitlich Schösslinge aus. Diese kann man abtrennen, sobald sich einige Wurzeln gebildet haben. Die Schösslinge der Phoenix werden in kleine Töpfe mit üblicher Blumenerde gepflanzt und nur mäßig gegossen. Frische Austriebe zeigen eine Bewurzelung der jungen Phoenixpalme an.

Bleiwurz
Plumbago auriculata

    150-300 VI / IX

Aussehen Wuchs überhängend strauchförmig bis klimmend, stark verzweigt; 1–2 m breit, hell- bis mattgrünes, spitz ovales Laub; Blüten sternförmig in endständigen Rispen.
Ansprüche Nährstoff- und Wasserbedarf hoch; regelmäßig bis häufig gießen, ausreichend düngen. Kräftiger Rückschnitt der Triebe im Januar. Überwinterung: bei mindestens 3 °C an einem hellen Standort. Eindrucksvoller Strauch für große Kübel. Eine Kletterhilfe oder Stütze ist sinnvoll.
Die Bleiwurz lässt sich gut zu einem Hochstämmchen erziehen, indem man im ersten Jahr immer wieder die unteren Seitentriebe entfernt.

Granatapfelbaum
Punica granatum

   100-200 VI / VIII

Aussehen Kleiner Baum, oft auch als Strauch kultiviert, mit rotbrauner bis grauer Rinde. Die ledrigen Blätter sind lanzettförmig, in Zweiergruppen gegenständig an den vierkantförmigen Zweigen angeordnet, immergrün. Blüten trichterförmig, bis 3 cm im Durchmesser. Die Frucht, der Granatapfel, ist apfelförmig und essbar.
Ansprüche Substrat durchlässig; für größere Pflanzen ist durch Blähton durchlässig gemachte Gartenerde ideal. Wasserbedarf mittel, übersteht auch kurzzeitige Trockenheit. Guter Fruchtbehang nur bei voller Sonne. Standort während der Wachstumsphase so warm wie möglich. Überwinterung frostfrei.

Kartoffelwein
Solanum jasminoides

    150-300 VI / IX

Aussehen Wuchs klimmend, Höhe 2 bis 6 m, dunkelgrünes, lanzettliches Laub. Blüten sternförmig, in Büscheln an den Triebenden.
Ansprüche Nährstoff- und Wasserbedarf mittel bis hoch; regelmäßig bis häufig gießen und düngen. Vor der Überwinterung soll die Krone auf ein Drittel bis zur Hälfte der vorhandenen Blattmasse zurückgeschnitten werden. Nach dem erneuten Austrieb im Frühjahr ist ein weiteres Stutzen zur Formierung der Pflanze erforderlich. Überwinterung: bei mindestens 3 °C an einem hellen Standort, in der Ruhezeit während der kühlen Überwinterung die Pflanze trocken halten, nicht völlig austrocknen lassen.

Prinzessinnenblume
Tibouchina urvilleana

   ↑ 50-150 | VII / IX

Aussehen Wuchs strauchartig, bei jungen Pflanzen sind die Triebe frischgrün und weich. Ältere Triebe verholzen. Blätter samtig, lang oval, mittel- bis dunkelgrün. Blüten schalenförmig; in der Blütenmitte bildet sich ein Büschel purpurroter Staubgefäße.
Ansprüche Im Sommer reichlich gießen, alle 14 Tage düngen. Immer leicht feucht halten. Damit die Pflanze buschig wächst und nicht verkahlt, müssen die Jungtriebe entspitzt werden, sobald sich zwei Blattpaare gebildet haben. Überwinterung hell bei 10 bis 12 °C. Im Frühjahr Triebe auf die Hälfte zurückschneiden. Alle 2–4 Jahre im Frühjahr in kalkfreie Erde umtopfen.

Sternjasmin
Trachelospermum jasminoides

   ↑ 150-300 | VI / VII

Aussehen Kletterstrauch mit biegsamen, dünnen Ästen; die Blätter lanzettlich, dunkelgrün, glänzend und lederartig. Blüten sternförmig, in Büscheln, duftend.
Ansprüche Liebt sonnige warme Standorte. Bevorzugt humoses durchlässiges Substrat. Gießen regelmäßig und sparsam; der Boden muss dazwischen immer gut abtrocknen. Im Frühling Triebe einkürzen und an einem Klettergerüst entlanggleiten. Überwinterung an einem hellen frostfreien Platz, kann spät eingeräumt werden, verträgt auch leichten Frost.

Hanfpalme
Trachycarpus fortune

  ↑ 150-250

Aussehen Stamm mit braunen Fasern bedeckt, die im Laufe vieler Jahre langsam von unten her abfallen. Blätter kräftig, in Wedeln über dem Stamm; knicken durch Windeinwirkung leicht ab und hängen dann an den Spitzen herunter.
Ansprüche Substrat durchlässig und leicht sauer, älteren Exemplaren genügt auch reine Gartenerde. Wasserbedarf mäßig, der Ballen sollte nur mäßig feucht gehalten werden. Regenwasser verwenden. Standort im Sommer möglichst sonnig. Überwinterung als Kübelpflanze hell und kühl, bei max. 10 °C. Verträgt ausgepflanzt mit Wurzelschutz Frost bis -15 °C.

Immergrüner Schirm-Bambus
Fargesia murielae

 ↑ 300-400

Großblättriger Bambus
Pseudosasa japonica

 ↑ 300-500

Palmblattbambus
Sasa palmata

 ↑ 100-150

Aussehen Wuchs horstig, dicht, keine Ausläufer bildend, Triebe leicht überhängend. Halme dünn, grün, gelb ausfärbend, dekorativ gefleckt, Spitzen bogig. Blätter klein, mittelgrün, Zweige rötlich.
Winterhärte -18° bis -28°
Ansprüche Benötigt einen ausreichend großen Kübel, um sich zu entwickeln. Kübel im Winter mit dämmenden Materialien umhüllen, um ein Durchfrieren des Wurzelballens zu verhindern. Alternativ an einem kühlen hellen Standort überwintern.
Sorten 'Harewood', Selektion aus Dänemark, aufrechter Wuchs, 3 m. 'Bimbo', kompakter Wuchs, nur 1,5 m hoch.

Aussehen Wuchs aufrecht, Spitzen überhängend, viele Ausläufer bildend. Halme grün, in der Sonne rötlich ausfärbend, die dekorativen hellen Halmscheiden fallen im 2. Jahr ab. Laub frischgrün, glänzend, groß.
Winterhärte -18 °C bis -27 °C, nach Schäden schnell wieder austreibend.
Ansprüche Benötigt einen auseichend großen Kübel, um sich zu entwickeln. Kübel im Winter mit dämmenden Materialien umhüllen, um ein Durchfrieren des Wurzelballens zu verhindern. Alternativ an einem kühlen hellen Standort überwintern. Standort windgeschützt, vor kalten Ostwinden und Wintersonne schützen.

Aussehen Wuchs flächig, stark, viele Ausläufer bildend. Halme grün, im Alter gelb. Blätter sattgrün, glänzend, groß bis 30 cm lang, fingerartig angeordnete Endblätter.
Winterhärte -18 °C bis -25 °C.
Ansprüche: Benötigt einen ausreichend großen Kübel, um sich zu entwickeln. Kübel im Winter mit dämmenden Materialien umhüllen, um ein Durchfrieren des Wurzelballens zu verhindern. Alternativ an einem kühlen hellen Standort überwintern.
Weitere Art Silberrand-Zwergbambus *(Sasa veitchii)*, 40–80 cm hoch, dicht, kompakt, viele Ausläufer bildend; Laub dunkelgrün, glänzend, mit hellen Blatträndern.

Arbeitskalender

Wenn die auf Balkon und Terrasse anfallenden Arbeiten zur rechten Zeit erledigt werden, hat man fast das ganze Jahr über üppige Blüten und gesunde Pflanzen. Die Monatszuordnung der Arbeiten in diesem Kalender dient als Anhaltspunkt und kann je nach regionaler Wetterentwicklung etwas variieren.

Januar/Februar

Allgemeine Arbeiten

- Jetzt ist genügend Zeit, sich Gedanken über die Bepflanzung im kommenden Frühjahr zu machen. Im Gartencenter finden Sie reichlich Auswahl an Saatgut.
- Schneeglöckchen können nach der Blüte geteilt und vermehrt werden.
- Decken Sie sich rechtzeitig mit dem gewünschten Saatgut ein, denn erfahrungsgemäß sind gerade die Neuheiten schnell vergriffen.

Aussaat

- Die ersten Sommerblumen werden an einem hellen, warmen Ort auf der Fensterbank ausgesät. Praktisch sind Mini-Gewächshäuser, in denen die Feuchtigkeit nicht so schnell verdunstet, sodass die Sämlinge ein optimales Kleinklima haben.
- Falls Sie noch Samen vom letzten Jahr besitzen, sollten Sie eine Keimprobe machen, um festzustellen, ob diese noch keimfähig sind. Schütten Sie dazu je 10–20 Körner auf ein feuchtes Küchenkrepp. Mindestens 50 % davon sollten in der angegebenen Zeit keimen, sonst ist es besser, frisches Saatgut zu kaufen.
- Für Kaltkeimer ist jetzt die optimale Aussaatzeit. Ihre Samen benötigen für eine erfolgreiche Keimung eine Kälteperiode. Beste Aussaatzeit ist von November bis Februar, zu der man in Saatschalen mit guter Erde aussät. Zuerst werden die Samen 2–4 Wochen im Zimmer bei 18–22 °C, anschließend an einem geschützten Platz (z. B. an der Hauswand) im Freien aufgestellt. Hier bleiben die Gefäße für mind. 8 Wochen bei maximal 5 °C. Mit ansteigender Temperatur im Frühjahr setzt dann nach und nach die Keimung ein.

Balkonbepflanzung

- Im Februar erwachen die kühl überwinterten Geranien langsam wieder zum Leben. Schneiden Sie nun alle Triebe der Sommerblume auf zwei bis drei Blattknoten zurück. Danach treiben die Pflanzen von der Basis her neu aus und wachsen zu kompakter Form heran. Ende des Monats topft man sie in frische Erde und stellt sie wärmer und heller.
- Jedes Jahr kommen neue Sorten auf den Markt, und manchmal kann man auch ganz unbekannte Arten entdecken, die einen Versuch wert sind. Legen Sie sich eine Liste mit Ihren Favoriten an.

Pflege

- Kübelpflanzen und Knollen im Winterquartier regelmäßig kontrollieren und gleichmäßig feucht halten. Auf kühle Temperaturen achten, damit sie nicht vorzeitig austreiben.
- Sehen Sie regelmäßig nach Ihren Kübelpflanzen. Die winterharten Arten im Freien müssen bei frostfreiem Wetter regelmäßig gegossen werden.

März/April

Allgemeine Arbeiten

- Jetzt ist es an der Zeit, Lilienzwiebeln in die Erde zu bringen, ebenso können Sie Canna und Dahlien schon jetzt in Töpfe pflanzen. Sie blühen dann umso früher im Sommer
- Die robusteren Kübelpflanzen zumindest tagsüber an geschützten Plätzen aufstellen, um sie langsam abzuhärten. Arten, die auch einige Minusgrade vertragen, werden bei drohendem Frost nachts mit einem leichten Vlies abgedeckt oder an die schützende Hauswand gerückt. Achten Sie aber darauf, dass die Pflanzen noch nicht zu stark austreiben.

Pflege

- Die Kübelpflanzen sollten nun einen Frühjahrsschnitt erhalten, soweit sie nicht schon im Herbst zurückgeschnitten wurden. Trockene oder von Pilzen befallene Triebe werden herausgeschnitten. Vor allem Fuchsien, Pelargonien und andere weichlaubige Pflanzen deshalb jetzt nochmals zurückschneiden.
- Empfindlichere Kübelpflanzen weiterhin kühl und luftig halten, damit sie nicht zu stark austreiben. Junge Triebe können Sie einkürzen, um eine gute Verzweigung zu erreichen, die für einen dichten buschigen Wuchs sorgt.
- Nach wie vor sollten Sie regelmäßig auf Schädlingsbefall kontrollieren.

Balkonbepflanzung

- Schneiden Sie Winter-Bohnenkraut, Salbei und Thymian so weit zurück, dass die Pflanzen aus dem alten Holz neu austreiben. Oregano wird direkt über dem Boden abgeschnitten.
- Um eine kompakte Wuchsform bei Geranien und Fuchsien zu erhalten, können die Triebe vorsichtig entspitzt werden.
- Regelmäßig auf Schädlingsbefall kontrollieren und mit geeigneten Maßnahmen bekämpfen.

Vermehrung

- Die meisten einjährigen Schling- und Kletterpflanzen müssen jetzt im Warmen vorgezogen werden, damit man sie nach den Eisheiligen auspflanzen kann. Legen Sie die Samen in ein humoses, lockeres Substrat, bedecken Sie die Saat nur dünn mit Erde und bringen Sie sie bei 18–20 °C zum Keimen.
- Empfindliche Sommerblumen für Kübel und Kästen werden bei entsprechender Witterung auf der Fensterbank, im Wintergarten, im Frühbeet oder im Folientunnel ausgesät und vorkultiviert.
- Auch jetzt ist noch Zeit, Sommerblumen auszusäen. Bei den nun höheren Temperaturen bietet sich dafür auch das Frühbeet an. Die Sämlinge der im Februar und März ausgesäten Pflanzen werden pikiert und bei entsprechender Größe einzeln in Töpfe gepflanzt.

Mai/Juni

Allgemeine Arbeiten

* Ab Anfang Mai können Kübelpflanzen ins Freie, die kurzen leichten Frost vertragen. Die empfindlicheren Arten sollten aber erst Mitte Mai ins Freie kommen. Stellen Sie sie aber nicht gleich in die volle Sonne, sonst besteht die Gefahr eines Sonnenbrandes. Stellen Sie die Pflanzen zunächst an einen halbschattigen Platz. Nach ein paar Tagen haben sie sich dann aber an die Sonne gewöhnt und können an ihren endgültigen Standort gestellt werden.
* Sommerblühende Zwiebel- und Knollenpflanzen Anfang/Mitte Mai setzen.
* Entfernen sie Verblühtes und gießen Sie täglich, bei Bedarf auch morgens und abends.
* Machen Sie sich zeitig Gedanken über die Versorgung Ihrer Pflanzen in der Urlaubszeit. Haben Sie zuverlässige Nachbarn oder lohnt sich die Anschaffung einer automatischen Bewässerung?
* Ende Juni (Johanni) ist der ideale Zeitpunkt für den Schnitt von Formgehölzen wie Buchsbaum. Sie treiben danach noch einmal richtig durch.

Pflege

* Kübelpflanzen ausreichend düngen und wässern, um zügiges Wachstum und eine reiche Blüte anzuregen. Regelmäßig auf Schädlinge untersuchen und bei Bedarf mit umweltverträglichen Mitteln spritzen.
* Neu eingepflanzte Balkonblumen brauchen in den ersten 3–4 Wochen nicht gedüngt werden. Der Nährstoffvorrat im Substrat reicht so lange aus. Danach am besten alle 1–2 Wochen mit Flüssigdünger versorgen.
* Beachten Sie, dass Kübelpflanzen in Ton- und Terracottakübeln mehr Wasser benötigen, da ein Teil durch die poröse Oberfläche verdunstet. Kontrollieren Sie die Pflanzen regelmäßig auf Schädlinge wie Blattläuse und Weiße Fliege, da diese besonders die noch weichen jungen Triebe befallen. Nützlingsschonende Präparate für eine Behandlung erhalten Sie im Fachhandel.

Balkonbepflanzung

* Nach den Eisheiligen können Balkonkästen bepflanzt werden. Es kann allerdings sein, dass die besten Exemplare Mitte Mai schon ausverkauft sind. Decken Sie sich daher schon Anfang Mai ein und stellen sie diese solange an einen geschützten Platz.
* Kamelien kommen ab Mai im Freien an einen geschützten halbschattigen Platz.
* Starkwüchsige Triebe von Balkonblumen einkürzen, damit sich die Pflanzen gut verzweigen. Regelmäßiges Düngen mit Flüssigdünger sorgt für eine lange üppige Blüte. Gießen Sie täglich, bei Bedarf auch morgens und abends.
* Verblühtes regelmäßig auskneifen, um die Blütezeit zu verlängern.
* Täglich gießen, bei heißem Wetter auch morgens und abends. Flüssigdünger wird besonders schnell aufgenommen.
* Verblühtes regelmäßig entfernen, damit die Samenbildung verhindert wird, denn sie geht zu Lasten neuer Blüten.

Juli/August

Allgemeine Arbeiten

- Halbstrauchige Kräuter wie Lavendel, Rosmarin und Bergbohnenkraut lassen sich leicht durch Stecklinge aus den einjährigen Trieben vermehren.

- Kübelpflanzen werden noch bis Mitte August regelmäßig gedüngt. Danach sollten Sie die Düngergaben aber einstellen, um eine Ausreifung der Triebe bis zum Herbst zu erreichen.

Pflege

- Stellen Sie Fuchsien in den Schatten, denn sonst blühen sie erst spät im Sommer.
- Bei den Rosen Verblühtes regelmäßig entfernen, um eine erneute Blütenbildung anzuregen. Am besten schneiden Sie die Triebe etwa 10 cm unter der untersten Blüte ab. Sparsame Gaben an Volldünger helfen den Rosen, kräftig weiterzublühen.
- Kontrollieren Sie sowohl Sommerblumen als auch Kübelpflanzen regelmäßig auf Schädlingsbefall. Gegen die besonders in der Sommerhitze stark auftretende weiße Fliege helfen an den Pflanzen angebrachte Gelbtafeln.
- Kontrollieren Sie sowohl Sommerblumen als auch Kübelpflanzen regelmäßig auf Schädlingsbefall.
- Besonders bei Hitze immer wieder auf Schädlinge kontrollieren und schon bei leichtem Befall nützlingsschonende Mittel zur Bekämpfung einsetzen.

Vermehrung

- Nach wie vor können Sie Zweijährige, die im nächsten Frühjahr blühen sollen, aussäen.
- Auch Salat kann bis Ende des Monats noch ausgesät werden, um ihn im Herbst zu ernten.
- Kübelpflanzen und mehrjährige Balkonblumen werden am besten Anfang August durch Stecklinge vermehrt. Besonders bei Geranien lohnt sich das, denn so können Sie besonders schöne Sorten als Jungpflanzen überwintern, die wesentlich weniger Platz wegnehmen als die im Herbst doch recht groß gewachsenen Mutterpflanzen.
- Die Sämlinge der Zweijährigen werden jetzt pikiert und in Töpfe vereinzelt, in denen sie bis zum zeitigen Frühjahr bleiben.

Balkonbepflanzung

- Bei regelmäßiger Düngung und guter Wasserversorgung blühen die meisten Pflanzen nach wie vor üppig. Ab Ende August können die ersten Kästen für den Herbst bepflanzt werden, zum Beispiel mit schönen Blattschmuckpflanzen, Gräsern und natürlich Herbstblühern wie Heidekraut und Chrysanthemen.

September/Oktober

Allgemeine Arbeiten

❀ Die meisten Kübelpflanzen bleiben noch an ihrem Platz, ihnen machen die ersten tieferen Nachttemperaturen nichts aus. Nur besonders empfindliche Kübelpflanzen aus tropischen Gebieten sollten bereits jetzt in ein helles, kühles Winterquartier gebracht werden. Vorher unbedingt auf Schädlinge und Krankheiten untersuchen!

❀ Die Sommerblüher unter den Knollen und Zwiebeln werden nach dem ersten

❀ Frost aus der Erde genommen. Graben Sie Dahlien, Canna und Co. aus, schneiden Sie alles Laub bis auf ca. fünf Zentimeter ab und legen Sie sie zum Trocknen aus. Danach kommen sie mit etwas Torfmull oder Sand in Kisten und werden kühl und trocken im Keller gelagert. Schildchen nicht vergessen, damit Sie im nächsten Frühjahr noch wissen, wo welche Sorte liegt.

Pflege

❀ Achten Sie auf Schädlingsbefall und entfernen Sie regelmäßig alles Verblühte.

❀ Ab Ende Oktober wird es auch Zeit, die robusteren Kübelpflanzen ins Winterquartier zu bringen, da mit den ersten Nachtfrösten zu rechnen ist.

❀ Schneiden Sie Exemplare, die im Laufe des Sommers zu ausladend geworden sind, vorsichtig zurück und untersuchen Sie alle Pflanzen auf Schädlingsbefall, bevor Sie sie einräumen.

Vermehrung

❀ Im Hochsommer geschnittene Stecklinge sind inzwischen zu kräftigen Jungpflanzen herangewachsen und können in ausreichend großen Töpfen noch eine Weile im Freien bleiben.

❀ Im Sommer gesäte Zweijährige werden an ihren endgültigen Platz gepflanzt und blühen je nach Art im kommenden Frühling oder Frühsommer.

Balkonbepflanzung

❀ Sommerblumen bauen allmählich ab und können entfernt werden, falls Sie nicht Saatgut ernten möchten für das nächste Jahr.

❀ Zweijahresblumen wie Goldlack, die im Mai und Juni ausgesät wurden, können Sie jetzt an ihren endgültigen Standplatz pflanzen. Stiefmütterchen und Vergissmeinnicht sind die klassischen Begleiter für Zwiebelblumen, auch in Kübeln.

❀ Die klassischen Balkonblumen wie Geranien und Petunien lassen nun in ihrer Blühleistung nach und können entfernt werden.

❀ Balkonkästen und Töpfe werden wieder attraktiv, wenn Sie sie mit herbstblühenden Stauden, Blattschmuckpflanzen und Gräsern bepflanzen. Zwiebelblumen für den nächsten Frühling werden gleich mit integriert.

November/Dezember

Allgemeine Arbeiten

⚘ Reste kranker Pflanzen sollten entsorgt werden, soweit eine Kompostierung die Überwinterungsform der Krankheit nicht abtötet, um einem Neubefall vorzubeugen.

⚘ Töpfe und Kübel, die Sie mit frühlingsblühenden Blumenzwiebeln bepflanzt haben, bei frostfreiem Wetter gelegentlich gießen. Die bepflanzten Töpfe stehen den Winter über am besten an einer geschützten Stelle an der Hauswand oder auch in der ungeheizten Garage.

⚘ Mithilfe eines Futterhauses lassen sich im Winter vom warmen Zimmer aus viele Vögel aus der Nähe betrachten. Um den Vögeln wirklich etwas Gutes zu tun, sollten Sie nur artgerechtes Futter anbieten. Neben handelsüblichem Trockenfutter eignet sich auch frisches Obst für die Fütterung. Futterhäuser müssen regelmäßig gereinigt werden, um Infektionen bei den Vögeln zu vermeiden.

⚘ Da im Winter wenig Gartenarbeiten anfallen, ist endlich Zeit für die Wartung von Scheren und anderen Geräten.

⚘ Flach liegende Wasserleitungen und Rohre sollten vor starken Frösten leergelaufen sein. Verbleibt das Wasser in den Leitungen, besteht die Gefahr, dass sie bei starken Frösten platzen.

Pflege

⚘ Kübelpflanzen, die sich bereits im Winterquartier befinden, regelmäßig auf Schädlingsbefall und Krankheiten kontrollieren. Befallene Pflanzenteile sofort entfernen und vernichten, um eine Ansteckung der anderen Pflanzen zu vermeiden. Regelmäßig, aber sparsam gießen. Auch eingelagerte Dahlienknollen sollten Sie regelmäßig auf Pilzbefall untersuchen und befallene Exemplare umgehend entsorgen.

Balkonbepflanzung

⚘ Immergrüne Zwerggehölze, Heidekraut und winterharte Alpenveilchen (Cyclamen, z. B. Cyclamen hederifolium) sorgen für Farbe in Töpfen und Balkonkästen. Als Partner für Alpenveilchen eignen sich Efeu, schwächer wachsende Gräser und auch Freilandfarne. Besonders schön ist die Kombination mit graulaubigen Helichrysum-Arten, da deren Blattfarbe mit der hellen Zeichnung der Blätter korrespondiert.

⚘ Die meisten Steingarten- und Polsterstauden, viele von ihnen sind zudem noch halb immergrün, leiden weniger unter tiefen Temperaturen als unter anhaltenden Niederschlägen, aber auch unter warmen Wintertagen mit anschließenden Spätfrösten. Sie werden am besten durch eine lockere Auflage Nadelreisig geschützt. Sie können auch eine trockene Laubschüttung auf die Pflanzen geben und diese durch festgestecktes Reisig fixieren.

⚘ Immergrüner Bambus wird an exponierten Standorten am besten durch Bastmatten geschützt, die um die Horste herum gestellt werden. Kalte Winde und starke Wintersonne setzen den empfindlicheren Arten sonst zu sehr zu und es besteht die Gefahr von Trockenschäden.

Pflanzenliebhaber-gesellschaften

Deutsche Kamelien-
Gesellschaft e.V.
Arndtstr. 1A
52064 Aachen

Deutsche Citrus-Gesell-
schaft
c/o Peter Klock
Stutsmoor 42
22607 Hamburg

Deutsche Efeu-Gesellschaft
c/o Robert Krebs
Hauptstr. 48
24890 Stolk

Deutsche Fuchsien-
Gesellschaft e.V.
c/o Renate Ripke
Linnenkämper Str. 10
37627 Stadtoldendorf
www.deutsche-fuchsien-
ges.de

Internationale Clematis-
Gesellschaft
Horst Weihrauch ICIS
Auf dem Brink 19
59077 Hamm

Gesellschaft der Wasser-
gartenfreunde
c/o Herbert Bollerhey
Eichenberger Str. 19
34233 Fuldatal-Rothwesten

Deutsche Dahlien-,
Fuchsien- und Gladiolen-
Gesellschaft
c/o Bettina Verbeek
Maasstr. 153
47608 Geldern-Walbeck
www.ddfgg.de

Europäische Buchs-
baum- und Formschnitt-
Gesellschaft
c/o Raphael Witte
Oberstr. 36
52349 Düren

Europäische Bambus-
Gesellschaft
c/o Edeltraud Weber
John-Wesley-Str. 4
63584 Gründau 2 Rbn.

Gesellschaft der
Staudenfreunde
Geschäftsstelle
Neubergstr. 11
77955 Ettenheim
www.gds-staudenfreunde.de

Verein Deutscher
Rosenfreunde
Waldseestraße 14
76530 Baden-Baden
www.rosenfreunde.de

European Palm-Society
c/o Tobias W. Spanner
Tizianstr. 44
80638 München
www.palmsociety.org

Bezugsquellen

Clematis

F.M. Westphal Clematis-
kulturen
Peiner Hof 7
25497 Prisdorf
www.clematis-westphal.de

Kübelpflanzen

Flora Toskana
Schillerstr. 25
89278 Nersingen OT Straß
www.flora-toskana.de

Flora Mediterranea
Königsgütler 5
84072 Au/Hallertau
www.flora-mediterranea.de

Rosen

Rosen Jensen-Lützow GmbH
Am Schlosspark 2b
24960 Glücksburg
www.rosen-jensen.de

BKN Strobel
über Rosarot
Pflanzenversand
Gerd Hartung
Besenbek 4 B
25335 Raa-Besenbek
www.rosenversand24.de

W. Kordes' Söhne Rosen-
schulen GmbH & Co.KG
Rosenstraße 54
25365 Klein Offenseth-
Sparrieshoop
www.gartenrosen.de

Rosen Tantau Vertrieb
GmbH & Co.KG
Tornescher Weg 13
25436 Uetersen
www.rosen-tantau.com
Noack Rosen
Baum- und Rosenschulen
Im Fenne 54
33334 Gütersloh
www.noack-rosen.de

Rosenhof Schultheis
Bad Nauheimer Str. 3–7
61231 Bad Nauheim-
Steinfurth
www.rosenhof-schultheis.de
Rosen-Union eG.
Steinfurther Hauptstr. 27
61231 Bad Nauheim-
Steinfurth
www.rosen-union.de

Lacon GmbH
J.-S.-Piazolo Straße 4
68766 Hockenheim
www.lacon-rosen.de

David Austin Roses Ltd
Bowling Green Lane
Albrighton
Wolverhampton WV7 3 HB
Großbritannien
www.davidaustinroses.com

Stauden

Kräuter- und Stauden-
gärtnerei Mann
Schönbacherstr. 25

02708 Lawalde
www.pflanzenreich.com

Alpine Staudengärtnerei
Siegfried Geißler
OT Gorschmitz Nr. 14
04703 Leisnig / Sachsen
www.alpinergarten.de

Staudengärtnerei
Alpine Raritäten
Auf dem Flidd 20
25436 Uetersen
www.alpine-peters.de

Staudengärtnerei
Ernst Pagels
Deichstraße 4
26789 Leer

Staudengärtnerei Klose
Rosenstr. 10
34253 Lohfelden/Kassel
www.staudengaertner-
klose.de

Stauden & Gartenkultur
Arends Maubach
Monschaustr. 76
42369 Wuppertal-Ronsdorf
www.arends-maubach.de
Kayser & Seibert
Wilhelm-Leuschner-Str. 85
64380 Rossdorf
www.kayserundseibert.de

Staudengärtnerei
Gräfin von Zeppelin
Weinstr. 2
79295 Sulzburg-Laufen
www.graefin-v-zeppelin.com

Staudengärtnerei
Gaissmayer
Jungviehweide 3
89257 Illertissen
www.staudengaissmayer.de

Staudengärtnerei Sarastro
A-4974 Ort im Innkreis 131
Österreich
www.sarastro-stauden.com

Register

Mit 278 Abbildungen

Vorsatz RTF/Hans Reinhard, 3 o alle 3 GS, 3 u RTF/Hans
Reinhard, 4 RTF/Hans Reinhard, 5 Kosmos, 6 RTF/Hans
Reinhard, 7 o RTF/Hans Reinhard, 7 u GS, 8 li RTF/Hans
Reinhard, 8 re FP, 9 FS, 10 RTF/Hans Reinhard, 11 FS,
12 li FS, 12 re RTF/Hans Reinhard, 13 FP, 14 RTF/Hans
Reinhard, 15 beide GS, 16 FP, 17 FS, 18 FP, 19 RTF/Hans
Reinhard, 20 RTF/Hans Reinhard, 21 beide FP, 22 FS, 23
FS, 24 li RTF/Hans Reinhard, 24 re FP, 25 RTF/Hans Rein-
hard, 26 RTF/Hans Reinhard, 27 FS, 28 o FP, 28 u FS, 29
FP, 30 FP, 31 o alle 3 GS, 31 u FP, 32 RTF/Hans Reinhard,
34 RTF/Hans Reinhard, 35 li FS, 35 re FS, 36 FP/Diez, 37
GS, <45 FS, 46 WR, 47 o Katharina Adams, 47 u FS, 48 AV,
49 beide AV, 50 FP, 51 li FS, 51 re FP, 52 GBA/Noun, 53 alle
5 Kosmos/Lang, 54 li FP/Diez, 54 re FS, 55 li FP, 55 re FS,
56 FP, 57 re alle 5 Kosmos/Lünser, 57 li FS, 58 FP, 59 alle 8
Kosmos/Lünser, 60 FS, 61 RTF/Hans Reinhard, 62 o alle 3
GS, 63 u RTF/Hans Reinhard, 64 alle 3 GS, 65 alle 3 GS, 66
alle 3 GS, 67 beide GS, 68 alle 3 GS, 69 alle 3 GS, 70 alle 3
GS, 71 alle 3 GS, 72 alle 3 GS, 73 alle 3 GS, 74 alle 3 GS, 75
li GS, 75 Mi FP, 75 re GS, 76 alle 3 GS, 77 li FP, 77 re GS, 78
alle 3 GS, 79 li Kientzler, 79 Mi FS, 79 re GS, 80 li GS, 80 Mi
FS, 80 re FP, 81 li FS, 81 Mi FS, 81 re GS, 82 alle 3 GS, 83 li
GS, 83 Mi GS, 83 alle 3 GS, 85 alle 3 GS, 86 alle 3 GS, 87 li
FS, 87 Mi Reinhard, 87 re GS, 88 GS, 89 alle 3 GS, 90 alle 3
GS, 91 li FP, 91 Mi GS, 91 re GS, 92 alle 3 GS, 93 alle 3 GS,
94 beide GS, 95 li FP, 95 Mi GS, 96 GS, 97 li FP, 97 Mi FS,
97 re GS, 98 alle 3 GS, 99 alle 3 GS, 100 alle 3 GS, 101 beide GS, 102 alle 3 GS, 103 alle 3 GS, 104 li GS, 104 Mi FP,
104 re GS, 105 li FP, 105 re GS, 106 li Reinhard, 106 Mi FP,
106 re FS, 107 li FP, 107 Mi GS, 107 re GS, 108 li FP, 108 Mi
GS, 108 re GS, 109 alle 3 GS, 110 li FS, 110 Mi GS, 110 re
GS, 111 li GS, 111 Mi GS, 111 re Kientzler GmbH, 112 li GS,
112 Mi FS, 112 re GS, 113 alle 3 GS, 114 alle 3 GS, 115 alle 3
GS, 116 alle 3 GS, 117 beide GS, 118 alle 3 GS, 119 li FS, 119
Mi GS, 119 re GS, 120 li GS, 120 Mi GS, 120 re FP, 121 bei-
de GS, 122 alle 3 GS, 123 beide FP, 124 li GS, 124 Mi Roland
Spohn, 124 re GS, 125 li GS, 125 Mi GS, 125 li Spohn, 126 li
GS, 126 Mi FP, 126 re GS, 127 o alle 3 GS, 127 u FP.

Abkürzungen:
o = oben, u = unten, Mi = Mitte, li = links, re = rechts
AV = Andreas Vietmeier, Münster; FS = Friedrich Strauß,
Au/Hallertau, FP = Flora Press Ageny Hamburg; GS = Gartenschatz, Stuttgart, RTF = Reinhard Tierfoto, Heiligkreuz-
steinach/Eiterbach

Umschlaggestaltung von Lars Weigelt, Dresden,
unter Verwendung von Fotos von photolibrary.com/
Bruce Gardner (unten) und Gartenschatz, Stuttgart (oben)

Unser gesamtes lieferbares Programm und viele
weitere Informationen zu unseren Büchern,
Spielen, Experimentierkästen, DVDs, Autoren und
Aktivitäten finden Sie unter www.kosmos.de

Gedruckt auf chlorfrei gebleichtem Papier.

2. Auflage
© 2012 Franckh-Kosmos Verlags GmbH & Co. KG, Stuttgart
Alle Rechte vorbehalten
ISBN 978-3-440-12187-0
Grundlayout: Atelier Reichert, Stuttgart
Produktion: Kullmann & Partner GbR, Stuttgart
Printed in Italy / Imprimé en Italie

Alle Angaben in diesem Buch sind sorgfältig geprüft
und geben den neuesten Wissensstand bei der Veröf-
fentlichung wieder. Da sich das Wissen aber laufend in
rascher Folge weiterentwickelt und vergrößert, muss
jeder Anwender prüfen, ob die Angaben nicht durch
neuere Erkenntnisse überholt sind. Dazu muss er zum
Beispiel Beipackzettel zu Dünge-, Pflanzenschutz- bzw.
Pflanzenpflegemitteln lesen und genau befolgen sowie
Gebrauchsanweisungen und Gesetze beachten.